# 팬데믹과 오리엔탈리즘

# 팬데믹과
# 오리엔탈리즘

조동범 지음

서양은 왜 동양을 혐오하는가

오늘산책

**일러두기**

- 본문의 외래어는 국립국어원이 정한 외래어표기법을 따랐으나, 작품명 등에는 일부 예외를 적용하였습니다.
- 인용구절은 큰따옴표(" ")로 표기하였습니다.
- 영화 제목은 홑화살괄호(〈 〉)로, 책 제목은 겹낫표(「 」)로 표기하였습니다.
- 독자의 이해를 돕기 위해 본문 아래쪽에 각주를, 책의 뒷부분에 참고문헌과 미주, 찾아보기를 실었습니다.

# 차례

# 4
## 팬데믹과
## 오리엔탈리즘

✦

팬데믹, 혐오,
그리고 오리엔탈리즘

동양이라는 '존재'에 대해 생각한다. 과거 동양은 하나의 세계를 구축한 온전한 존재였지만, 서양에 의해 타자화됨으로써 주체적 의미를 상실하기도 했다. 오늘날 동양이 가지고 있는 이미지의 상당수는 동양 본연의 모습이 아니라, 서양의 시각으로 왜곡된 것이다. 동양은 독립적이고 주체적인 존재지만 서양 중심으로 재편된 세계사 속에서 여전히 불평등한 위치에 놓여 있다. 서양에게 동양은 호기심의 대상이자 자신보다 열등한 세계일 뿐이었고, 이런 인식 속에서 진짜 동양은 환영처럼 사라지고 말았다. 이제 우리 앞에 모습을 드러낸 것은 실체가 아닌 허위로서의 이미지뿐이다.

오리엔탈리즘은 바로 이와 같은 동양의 모습을 의미하는 개념이다. '동양의 정신이나 문학, 또는 동양적인 것'을 의미하던 오리엔탈리즘은 언젠가부터 '서양의 시각으로 파악한 동양'이라는 부정적 의미로 쓰이기 시작했다. 오리엔탈리즘은 동양을 객관적으로 바라보거나 평가하지 않는다. 오리엔탈리즘 안에서 동양은 서양의 시선으로 파악되며, 왜곡되고 타자화된 모습으로 주류 세계 바깥으로 추방된다. 오리엔탈리즘의 개념을 이렇게 정립한 사람은 에드워드 사이드이다. 그는 서양에 의해 규정된 동양이 가짜임을 주장하며 오리엔탈리즘의 폭력을 구체화한다. 실제로 오리엔탈리즘은 우리가 인식하지 못하는 사이에 동양인의 삶을 특정한 모습으로 재단한다. 오리엔탈리즘을 통해 동양은 부정적인 의미를 부여받으며 서양과 다른 열등한 존재가 되어버린다.

당연한 말이지만 동양은 서양과 다르고, 동양인은 서양인과 다르다. 그러나 오리엔탈리즘에서 이 말은 다른 의미를 갖는다. 동양이 서양과 다르다는 것은 곧 동양이 서양의 문명화된 세계에 이르지 못했다는 것을, 동양인은 서양인과 달리 이성적이지 못하다는 것을 의미한다. 동양에 대한 부정적 인식은 팬데믹의 역사에서도 드러난다. 아니, 팬데믹을 통해 오리엔탈리즘은 더 강화된다. 팬데믹이 동양이나 동양인에게만 발생하는 것이 아님에도 불구하고 동양이 팬데믹과 친연성을 지니고 있다는 인식은 공공연하게 퍼져 있다. 이러한 인식에 바탕을 둔 혐오는 COVID-19 이후 동양인, 그중에서도 아시안에 더욱 집중적으로 나타나고 있다.

그러나 동양이나 동양인이 팬데믹을 유발한다는 근거는 어디에도 없다. 팬데믹이 발생하기 쉬운 지역이나 인종적 특성도 따로 있지 않다. 또한 흔히 알려진 것과 달리 서양으로부터 팬데믹이 시작된 적도 많다. 서양이 신대륙을 정복하는 과정에서 퍼뜨린 전염병으로 인해 원주민이 몰살한 사례도 있으며, 서양이 아프리카인을 노예화하는 과정에서 일으킨 폭력 사태 속에서 전염병이 발생한 적도 있다. 따라서 동양인을 팬데믹과 관련한 절대악으로 인식하는 것은 옳지 않다. 팬데믹은 특정 인종이나 민족, 국가의 문제만으로 볼 수 없으며, 팬데믹을 핑계로 혐오와 차별과 폭력을 행사해서도 안 된다. 그럼에도 불구하고 팬데믹 상황 속에 동양인에 대한 혐오와 폭력이 반복적으로 나타나고 있다. COVID-19가 처음 발생했을 때 생긴 중국인 혐오 역시 이내 아시안 전반에 대한 혐오로 확산되었다.

그렇다면 오늘날 동양인 혐오는 서양의 백인들에 의해서만 자행되고 있을까? 그렇지 않다. 아시안 이외의 유색인종에 의해 자행되는 동양인 혐오와 폭력 사태를 언론 보도를 통해 어렵지 않게 접할 수 있다. 이들이 표출하는 동양인 혐오와 백인들의 동양인 혐오는 서로 원인이 다르지만, 오리엔탈리즘을 통해 나타난 편견이라는 점은 같다. 그런 가운데 오리엔탈리즘이 만들어내는 고정관념은 '허구'를 '진짜'로 둔갑시킨다.

서양 중심의 세계관은 날조된 동양을 확대 재생산하고, 이로써 서양은 동양에 비해 상대적 우위를 점한다. 그들에게 동양은 그저 지배의 대상이거나, 소비의 대상이거나, 호기심의 대상이거나, 멸시와 조롱의 대상일 뿐이다. 동양에 대한 서양의 긍정적 평가가 없지 않으나 이 또한 대부분 호기심 차원을 넘어서지 못한다. 동양의 이미지로 흔히 언급되는 신비로움과 아름다움은 물론이고, 수준 높은 정신 세계까지도 서양에 의해 만들어진 비주체적 존재 안으로 수렴된다. 그리고 이 과정에 주체적이고 주도적인 동양은 어디론가 사라진다. 어쩌면 서양은 동양을 비문명이나 유사 문명에 불과한 세계라고 생각할는지도 모른다.

오리엔탈리즘은 동양의 미를 파악할 때도 고스란히 작동한다. 동양의 미와 예술은 오래전부터 서양의 관심을 받아왔다. 서양은 자신들의 문화가 우위에 있다고 인식하면서도 동양의 문화나 예술에 대한 호기심을 지속적으로 내비쳤다. 심지어 동양의 미를 특별한 것으로 생각하기도 했다. 하지만 동양의 문화나 예술에 대한 관심 또한 자신들의 입장에서 오리엔탈리즘을 반영하여 내린 판단일 뿐이었다. 이러한 인식 속에서 동양의 미는 일그러진 거울 속 기이한 세계가 되어버렸다.

이처럼 오리엔탈리즘 속 동양의 미에는 동양의 고유한 특성이 주체적으로 드러나 있지 않다. 그저 서양의 시선으로 바라본, 왜곡된 동양의 모습만 있을 뿐이다. 동양의 미가 신비로운 아름다움과 정신적인 면으로 가득 차 있다는 인식은 언뜻 긍정적인 것처럼 보인다. 그러나 그 이면에는 동양의 미가 비이성적, 비과학적, 전근대적이라는 인식이 담겨 있다. 이러한 인식을 통해 그들은 자신들과 다른 동양적 환상이나 몽환을 향유하고자 했다. 서양은 동양의 미를 자신들의 근대 문명, 문화, 예술에 나타난 결핍을 채워줄 보조 수단으로 파악하며, 이국의 신기한 물건이나 기예처럼 다루었다. 서양 예술과 달리 동양의 미는 하나의 소재로 소비될 뿐이었다.

COVID-19로 비롯된 팬데믹은 동양 또는 동양인에 대한 혐오와 차별을 표면화했을 뿐만 아니라 '동양의 미美'에도 적지 않은 인식의 변화를 가져왔다. 팬데믹 이후 동양과 동양인은 물론 동양의 미까지도 차별과 폄하의 대상이 된 것이다. 물론 모든 동양 예술이 이런 취급을 받는 것은 아니다. 동양의 미 전반에 깔린 부정적 인식과 폄하의 시선에도 불구하고 동양인 아티스트와 작품에 대해서는 긍정적인 평가가 잇따르고 있다. 특히 한류로 불리는 한국 문화와 예술 작품에 대한 세계인의 관심과 지지는 폭발적이기까지 하다. 이 같은 현상은 팬데믹과 무관하게 일어나고 있으며, 동양인 아티스트와 그 작품 역시 팬데믹의 직접적인 영향 아래 놓여 있지는 않다. 한 예로 BTS의 음악은 여전히 지역과 인종을 넘어 엄청난 인기를 누리고 있고, 이 외에도 다양한 분야의 아티스트들이 뛰어난 기량을 선보이며 세계적인 주목을 받고 있다.

그러나 '문화로서의 동양의 미'는 사정이 다르다. 작품이나 예술가에 대한 판단이 개별적이고 지엽적이라면, 동양의 미는 동양에 대한 전반적인 인식을 토대로 평가되기 때문이다. 동양인의 삶을 아우르는 문화적인 영역은 오리엔탈리즘의 전형적인 동양 혐오를 동반하며, 동양의 삶과 문화를 전근대적이고 미개한 것으로 치부한다.

'미美'는 단편적인 아름다움이나 예술 작품을 넘어 우리의 삶 전체를 아우르며, '미적 요소'는 인간의 삶을 관통하는 하나의 문화적 개념으로 확대되어 주거, 여행, 음식, 뷰티 등에 적용된다. 그리고 다시 주거 문화, 여행 문화, 음식 문화, 뷰티 문화처럼 하나의 현상으로 자리매김하며 미의 개념으로 환원된다. 팬데믹은 이러한 동양 문화 전반에 대해 혐오의 시선을 드러낸다. 팬데믹 상황에서 동양의 미는 더 이상 경외나 신비의 대상이 아니고, 형이상학적인 세계도 아니다.

그렇다면 팬데믹 시대의 오리엔탈리즘은 어떤 방식으로 혐오와 폭력을 전개하는가? 그리고 팬데믹은 어떻게 오리엔탈리즘을 강화하는가? 이 책에서는 오리엔탈리즘의 개념을 명확히 함으로써 동양의 본질을 이해하고, 동양 혐오의 실체를 파악하고자 했다. 그럼으로써 '타자'가 아닌, '주체적 존재로서의 동양'을 제시하고자 했다.

COVID-19는 우리 삶의 많은 부분을 바꿔놓았다. 위생 관념 등 감염병과 직접 연관된 것뿐 아니라 교육, 경제, 문화 예술, 사람들 간의 근본적인 관계에 이르기까지 사회 전반에 유·무형의 변화를 가져왔다. COVID-19가 불러온 21세기의 팬데믹은 과거의 대혼란 상황과 크게 다르지 않았다. 진일보한 인류의 과학 기술도 새로운 감염병 앞에서 무기력하기는 마찬가지였다. 이런 상황 속에서 인류의 비이성적 태도는 노골적으로 표면화되어, 동양과 동양인이라는, 보아서는 안 될 것만 같은 혐오의 대상을 만들었다.

이제 팬데믹은 '세계적으로 유행하는 감염병'이라는 의미만으로 한정되지 않는다. 팬데믹 상황의 혐오는 폄하를 넘어 존재를 부정하는 방식으로 나타나 상대의 모든 삶의 양식을 훼손하였다. 그것은 오리엔탈리즘과 결합하여, 동양 문화를 비롯한 동양권이 구축한 세계 전체를 폄훼하는 결과를 가져왔다.

동양에 대한 혐오는 단순히 COVID-19에 국한된 단편적이고 일회적인 것이 아니다. 오늘날 서양인들이 갖는 동양과 동양인에 대한 혐오를 보면 그들이 그동안 동양을 얼마나 정형화된 시선으로 바라보았는지 알 수 있다. 그리고 그런 시선은 동양의 모든 삶을 관통하며 하나의 거대한 괴물이 되어간다.

감염병은 과거부터 지금에 이르기까지 야만의 또다른 이름이었다. 종종 감염병의 원인으로 지목되곤 하는 동양권의 환경은 명확한 근거 없이 후진적 삶과 동일한 것으로 이해되었다. 거기에 동양의 의지는 반영되어 있지 않았다. 동양을 후진적 세계의 프레임에 가둔 것은 전적으로 서양이었고, 동양은 이렇게 타의에 의해 비문명으로 규정되어 버렸다. 이는 동양의 삶과 세계에 대한 몰이해로부터 비롯된, 저마다 가지고 있는 개별적 특성을 전혀 고려하지 않은 사고의 결과였다.

팬데믹으로 인한 편견은 일부 동양의 낙후된 모습이나 비위생적 환경을 드러내는 데 그치지 않는다. 동양과 동양인이 팬데믹의 원인이라는 그릇된 정보를 전달하는 것에 그치지도 않는다. 이 편견은 실은 인간에 대한 근본적인 이해의 결핍이다.

오늘날 팬데믹으로 인해 다시금 주목받게 된 오리엔탈리즘은 동양에 대한 차별과 멸시의 서사가 얼마나 뿌리 깊은 것인지를 잘 보여준다. 이 책 역시 오리엔탈리즘이 품고 있는 근본적인 문제를 언급하고자 했다. 서양의 근원적인 오만과 우월 의식을 추적함으로써 증발해버린 진짜 동양을 말하고 싶었다.

이 책이 다루고 있는 팬데믹 시대의 오리엔탈리즘이라는 주제는 어쩌면 우리의 삶과 세계에 대한 근원적인 질문일 수도 있다. 이 책을 통해 우리의 시선이 가 닿아야 할 곳이 어디인지 고민하는 기회를 가졌으면 좋겠다.

COVID-19는 지금도 여전히 진행 중이며 앞으로도 완전히 퇴치되기보다 엔데믹이 되어 인류와 함께할 가능성이 크다. COVID-19 이후의 삶은 또 어떻게 변할지 정확히 알 수 없지만 과거로 돌아갈 수 없다는 것만은 분명하다. 그런 가운데 오리엔탈리즘은 어떤 방식으로 작동하게 될지도 궁금하다.

COVID-19는 우리 안에 내재된 혐오라는 민낯을 드러내주었다. 그것은 너무나 부끄러운 모습이다. 어쩌면 COVID-19가 불러온 가장 큰 비극은 혐오의 일상화와 타자에 대한 몰이해, 배타적 태도인지도 모른다. 그런 이유 때문에라도 팬데믹과 오리엔탈리즘에 대한 고민은 필요하다. 우리의 삶과 세계에 대한 진지한 질문을 던질 수 있다는 점에서 이 고민은 매우 중요하다.

# 1

## 오리엔탈리즘과 팬데믹 그리고 혐오의 역사

# 오리엔탈리즘이란

────

## 무엇인가

────

동양이란 무엇이고 어느 지역을 지칭하
는 말일까? 오리엔트Orient가 '동쪽'이라는 의미를 지녔다는 점에
서 동양을 유럽 대륙과 연결된 아시아 대륙에 국한하여 생각하는
이들이 많다. 때문에 동양이라고 하면 동아시아, 중앙아시아, 동남
아시아, 중동 지역을 주로 떠올린다. 하지만 동양이 단순하게 서양
의 동쪽에 있는 아시아 지역만을 지칭하는 것은 아니다.

과거에 세상을 나누는 개념은 유럽인 '서양'과 '서양 이외의 세계'
였다. 그런 점에서 동양의 범주는 훨씬 더 크다. 아시아와 중동 지
역만을 동양이라고 부르는 것은 뭔가 이상하다. 그렇다면 아시아
권 이외의 지역은 과연 무엇이라 불러야 하는가? 이에 대해 이야
나가 노부미는 "'동양'이 반드시 유럽의 동쪽에 있는 것은 아니"[1]

라고 말한다. 그는 동양이라는 명칭은 단지 서양의 반대 개념일 뿐이라고 지적하며 동양의 범주는 훨씬 더 광범위하다는 점을 밝힌다. 당시 서양인들이 인식하는 세계는 서양과 서양 이외의 지역이었고, 서양 이외의 지역을 한데 묶어 서양에 대비되는 '동양'으로 불렀을 뿐이다.

오리엔탈리즘orientalism의 어원은 오리엔트Orient이다. 오늘날 '동양'을 의미하는 오리엔트는 라틴어의 '오리엔스oriens'에서 온 말이다. 오리엔스는 '동녘, 동쪽, 동방, 동양, 아침 해' 등을 뜻한다. 오리엔탈리즘은 원래 '동양의 정신문화'를 의미하는데, '동양의 사상과 예술 등을 연구하는 것'을 뜻하기도 한다. 오리엔트Orient와 대응하는 단어는 옥시덴트Occident이며 '서양, 서유럽, 서방'이라는 뜻을 가지고 있다. 유럽인들은 서쪽에 있는 유럽을 세계의 중심으로 생각했고, 동양은 서양 밖의 변방이라 여겼다. 즉 서양과 동양이라는 명칭은 서양 중심적인 사고이자 차별적 의식이 표면화된 결과라고 볼 수 있다.

오리엔탈리즘과 대응되는 개념인 옥시덴탈리즘occidentalism은 원래 '서양의 정신문화'와 그것에 관한 연구를 지칭하는 말이었다. 그러나 오늘날 오리엔탈리즘이 동양에 대한 편견과 혐오를 의미하는 부정적 용어로 쓰이는 것처럼 옥시덴탈리즘 역시 서양에 대한 편견과 혐오를 드러내는 말로 쓰인다.

서양은 "자신을 세계의 서쪽에 위치시킴으로써 자기 이외의 타자=이문화를 '동양'이라는 범주에"² 넣었다. 많은 사람들이 동양을 아시아와 같은 의미로 사용하는데 이것은 동양의 범주를 축소한 것이다. 동양은 아시아뿐만 아니라 아시아 이외의 지역까지 포함하며, "'실제로 고대 오리엔트 지역'은 동쪽이라기보다는 오히려 남동쪽에 위치"³했다. '동양'이란 유럽인들이 자신들의 세계와 타자를 구분짓기 위해 사용한 용어일 뿐 동양인이 스스로를 주체적으로 부른 말이 아니다. 이야나가 노부미는 그런 점에서 "'동양'이 태어난 곳은 다름 아닌 유럽"⁴이라고 말한다. 서양인들의 '자기 중심적인' 이러한 시각은 아시아 각 지역의 명칭에도 고스란히 나타난다.

중동(中東, Middle East)이란 명칭은 미국의 해군 제독 앨프리드 머핸이 「페르시아만과 국제 관계The Persian Gulf and International Relations」라는 글에서 처음 사용하였는데, 이것은 유럽의 입장에서 '아라비아와 인도 사이 중간에 위치한 동양'이라는 의미이다. 유럽과 가까운 아시아 서쪽 지역은 '유럽과 가까운 동양'이라는 의미에서 근동(近東, Near East)이라고 불렸다. 오늘날의 동아시아 역시 '유럽에서 가장 먼 동쪽 끝'이라는 의미인 극동(極東, Far East)이라고 지칭했다.

과거의 동양이 아시아 대륙에 국한된 오늘날의 범주와 달랐다는 점은 아랍만 보더라도 알 수 있다. 아랍은 아시아 대륙에 속한

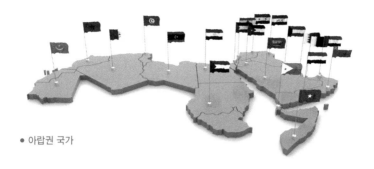

● 아랍권 국가

아라비아반도 지역*이라는 인식이 강하지만 실제로는 아시아 대륙을 넘어 상당히 넓은 지역에 존재한다. 심지어 아프리카 대륙 남단에 위치한 나라도 있다. 아랍에 속하는 국가는 모두 22개국으로, 아라비아반도 지역 인근의 사우디아라비아, 쿠웨이트, 아랍에미리트, 이라크, 시리아, 예멘, 요르단, 레바논, 오만, 카타르, 바레인, 팔레스타인 등과 아프리카 대륙에 속한 이집트, 알제리, 모로코, 수단, 소말리아, 튀니지, 리비아, 모리타니, 지부티, 코모로 등이다. 이중 코모로는 아프리카 대륙 동쪽 인도양의 도서 국가로, 우리가 생각하는 아랍과 지역적으로 상당히 떨어져 있다. 오늘날 서양인들이 주류를 이루는 아메리카 대륙도 유럽에서 이주한 서양

---

✦  아시아 남서부에 있는 반도로 약 300만㎢의 면적을 갖고 있다. 반도 동쪽은 페르시아만, 오만만, 서쪽은 홍해, 남쪽은 아라비아해와 아덴만에 접해 있으며 북쪽은 대사막지대이고, 북서쪽에는 사해가 있다. 아라비아반도 지역은 사우디아라비아, 쿠웨이트, 예멘, 오만, 아랍에미리트, 바레인, 카타르 등 7개국으로 이루어져 있다.

인에게 장악되기 전에는 서양 밖의 세계였을 뿐이다. 이런 사실로 볼 때 오늘날의 동양은 아시아 대륙 밖으로까지 확장하여 생각하는 것이 적합하다.

오리엔탈리즘도 마찬가지다. 오리엔탈리즘의 대상은 아시아 대륙에 속한 국가와 민족, 인종을 넘어 서양 이외의 지역까지 포함한다. 다만 아메리카 대륙과 오세아니아의 일부 국가는 유럽에서 이주한 백인이 주류를 형성하고 있다는 점에서 서양의 범주에 넣어야 한다. 따라서 오리엔탈리즘과 연관된 서양을 이야기할 때는 유럽과 유럽 밖 백인 중심 지역이라는 개념을 대입하는 것이 적절하다. 앞에서 말한 것처럼 오리엔탈리즘은 원래 동양에 대한 연구나 동양의 정신문화를 의미하는 포괄적인 개념이었다. 즉 오리엔탈리즘은 동양과 연관된 것이라는 의미를 지닌 말일 뿐 여기에 긍정적이거나 부정적인 뉘앙스와 판단은 개입되어 있지 않았다.

그러나 오늘날 오리엔탈리즘은 단순하게 동양과 관련된 것을 제시하는 데 그치지 않고, 서양의 관점에서 동양을 폄하하는 말로 주로 쓰인다. 오리엔탈리즘이 이 같은 의미로 쓰이게 된 것은 에드워드사이드Edward W. Said✦의 『오리엔탈리즘』을 통해서이다. 사이

---

✦ 에드워드 사이드는 팔레스타인에서 태어난 미국의 영문학자 · 비교문학가 · 문학평론가 · 문명비판론자이다. 에드워드 사이드는 현대 중동학에서 가장 인정받고 있는 학자 중 한 사람으로, 대표적인 저서 『오리엔탈리즘』을 통해 제국주의에 근거한 서양 위주의 사고방식을 비판하였다.

드가 이 책에서 부정적 관점의 오리엔탈리즘을 말한 것이 오늘날의 의미로 굳어졌다.

물론 오리엔탈리즘이란 개념에는 여전히 동양에 관한 객관적인 의미도 담겨 있다. 하지만 대체로는 사이드가 언급한 부정적 의미가 더 강하다. 그는 "오리엔탈리즘이라는 말을 동양에 대한 서양의 접근을 서술하기 위한 총칭적 용어"[5]로 사용했다. 사이드의 오리엔탈리즘은 동양이 스스로를 지칭할 때 사용하는 단어가 아니다. 그것은 서양 중심의 세계 속에서 변방으로 내몰린 동양을 이해할 때 사용하는 도구이자, 서양의 자의적인 판단 뒤에 가려진 동양의 진짜 모습을 밝히기 위해 만들어진 개념이다.

사이드는 19세기 이후 서양인들이 지니고 있던 동양 인식에 바탕을 두고, 근대 이후 열등한 존재로 전락한 동양을 우리 앞에 펼쳐보였다. 또한 서양의 우월적 태도를 낱낱이 밝힘으로써 기울어진 인식의 문제점을 지적하였다. 오리엔탈리즘의 실체를 파악함으로써 우리는 동양을 호기심과 환상, 신비의 세계 등으로 바라보는 것이 긍정적 시선이 아니라는 것을 분명하게 깨달을 수 있다. 스스로를 우월적 위치에 둔 서양인에게 동양은 그저 흥미로운 존재이자 호기심의 대상일 뿐이었다.

부정적 인식으로서의 이즘ism이 덧입혀진 오리엔탈리즘은 그 부정성으로 인해 오히려 세계의 실체에 다가선다. 그것은 단순히 세상에 동양에 대한 편견과 혐오가 존재하고 있다는 사실을 전달하는 데 그치지 않는다. 오리엔탈리즘을 정확하게 이해한다는 것은 '나'를 둘러싼 세계의 거짓된 망령들을 비로소 볼 수 있다는 것을 의미한다. 물론 오리엔탈리즘의 폭력적 시선을 옥시덴탈리즘과 같은 서양 왜곡이나 혐오로 되갚아주자는 말은 아니다. 오리엔탈리즘의 진실을 아는 것은 세계를 올바르게 보기 위함이지 서양을 타자로 만들어 세계의 변방으로 몰아내기 위함이 아니기 때문이다.

# 팬데믹과

---

# 혐오의 서사

---

팬데믹pandemic은 그리스어로 '모두'를 뜻하는 '팬pan'과 '사람'이라는 의미를 가지고 있는 '데믹demic'이 결합한 단어로, '모든 사람에게 감염병이 퍼지는 상황'을 의미한다. 팬데믹이 오면 병이 옮거나 병을 옮길 수 있다는 점 때문에 '나' 이외의 타인에 대해 거부감을 갖게 되기 쉽다. 감염병이 혐오를 동반하는 것은 이 때문이다. 그런 이유로, 팬데믹과 혐오의 문제를 이해하기 위해서는 먼저 '타자'의 개념을 짚고 넘어갈 필요가 있다. 팬데믹 시대의 오리엔탈리즘이 동양을 타자화化하여 배척하는 양상으로 나타나기 때문이다.

'타자'란 사전적으로는 자신 이외의 존재를 지칭하는 말이지만 철학적으로는 '나'에 의해 대상화된, '나'와는 '다른 존재'를 의미한다. 따라서 철학적 의미로서의 타자는 단순히 '나' 이외의 제3자를 가리키는 말이 아니라, '나'와 구분되는 대상이며 '나'가 배척하고 배제한 외부 세계라고 할 수 있다. 이때 '나'가 배척하고 배제한 타자는 '다름'을 전제로 하는 존재이다. 팬데믹 시대의 혐오는 '나'를 중심으로 한 '우리' 밖의 존재를 대상으로 나타난다. 여기서 '밖'은 대체로 서양 이외의 세계를, 일반적으로는 동양을 지칭한다. 팬데믹이 동양에 대한 혐오의 양상으로 나타나는 것은 이 때문이다. 물론 팬데믹으로부터 비롯된 혐오가 동양과 동양인만을 대상으로 하는 것은 아니다. 하지만 팬데믹 시대의 오리엔탈리즘이 동양을 혐오와 배척의 주된 타깃으로 삼는 것은 분명하다.

　팬데믹의 역사는 곧 혐오의 역사였다. 이러한 사실은 14세기 유럽 전역에 창궐한 흑사병Black Death의 사례를 통해서도 확인할 수 있다. 가톨릭 기반 사회였던 유럽은 흑사병의 원인으로 유대교를 지목하며 수많은 유대인을 학살했다. 당시 유대인들이 우물에 독을 탔다는 소문이 돌았고, 이를 빌미로 유대인에 대한 폭력과 학살을 자행한 것이다. 이렇듯 흑사병이라는 팬데믹은 곧 유대인을 향한 혐오로 이어졌다. 당시 유럽 전역에서는 무자비한 폭력과 학살이 자행되었으며, 종교적인 박해와 특정 민족에 대한 차별을 넘어 유대인을 화형에 처하는 끔찍한 양상으로 전개되기도 했다. 흑사병과 연관된 혐오는 가톨릭을 기반으로 한 유럽의 종교 질서에 반하는 세력을 향했고, 특히 기독교성Christianity을 경시하는 유대

● 보카치오의 「데카메론」에서 묘사한, 흑사병이 창궐한 1348년 이탈리아 피렌체의 모습

교도가 주 대상이 되었다.[6]

　팬데믹을 통해 나타나는 혐오는 지역이나 인종 문제에만 머물지 않는다. COVID-19는 중국과 중국인을 위시하여 아시아와 아시안에 대한 혐오를 드러냈지만, 팬데믹 상황의 혐오는 때때로 지역과 인종을 넘나든다. 즉 COVID-19처럼 서양 이외의 지역과 인종을 향하기도 하고, "계급, 젠더, 그리고 때로는 성적 지향성 등의 배경을 공유하는 특정 집단"[7] 등에 나타나기도 한다. 비주류 집단과 소수자를 혐오의 대상으로 삼는 경우, 그 판단은 주류 질서에 속하는 집단을 중심으로 이루어진다.

"전염병을 둘러싼 식민지 시대의 사회 인식은 '전염병 오리엔탈리즘Epidemic Orientalism'이라고 테제화"[8]되기도 했다. 오늘날의 팬데믹 또한 마찬가지다. 물론 팬데믹으로 인한 혐오가 조직 내부를 향할 때도 있다. 그러나 그런 경우 '전염병 오리엔탈리즘'처럼 특정 대상의 전 존재를 부정하고 혐오하는 양상으로까지 확대되는 일은 드물다.

팬데믹은 지금까지 여러 차례 발생한 바 있다. 앞서 언급한, 14세기에 발생하여 유럽 인구의 상당수가 사망한 흑사병이 있으며, 전 세계적으로 5천만 명 이상의 사망자가 발생한 1918년의 스페인 독감도 있다. 이외에도 무수히 많은 감염병이 오랜 세월 인류를 위협해왔다. 1948년 설립된 WHO가 팬데믹으로 선언한 경우는 1968년의 홍콩 독감과 2009년의 신종플루, 2019년에 발생하여 지금까지 지속되고 있는 COVID-19 등 총 세 차례다. 그런데 팬데믹을 동양의 문제만으로 볼 수 없음에도 불구하고 감염병과 관련된 혐오의 총구는 대부분 동양을 겨누었다. 특히 중국에 대한 혐오가 많았다. 그러나 신종플루는 미국에서 최초 발병한 만큼 감염병과 동양을 동일시하는 것은 곤란하다.

감염병을 최초 발생지만의 문제로 파악하는 태도 역시 옳지 않다. 발병 원인이 복합적인 만큼 바라보는 각도도 다양해야 한다. 물론 동양권에서 최초로 발병하여 확산한 사례가 있다는 것, 중국에서 발생한 홍콩 독감이나 COVID-19 등이 강렬한 인상을 남

● 1918년 미국 샌프란시스코의 적십자 간호사. 모두 마스크를 착용하고 있다.

● 스페인 독감 감염 예방을 위해 경찰들

● 1918년 스페인 독감이 유행할 무렵 마스크를 쓴 일본 소녀들

● 1918년 일본 정부가 최초로 마스크
착용을 장려한 당시의 포스터

겼다는 것 등을 이유로 들 수 있겠지만, 그것만으로 특정 지역을 전염병과 동일시하는 태도는 바람직하지 않다. 감염병으로부터 비롯된 혐오가 동양권에 집중되는 이유는 오리엔탈리즘과 관련이 깊다. 감염병과 더러움을 동일시하는 시각은 동양을 곧 비위생적 환경과 연결짓는 것과 다르지 않다. 이것은 동양을 야만과 비문명의 세계로 파악하는 오리엔탈리즘의 전형적인 시선이다.

　WHO가 공식적으로 선언한 경우 이외에도 1817년 아시아 콜레라, 1846년 아시아 독감, 1990년대 아프리카 리프트밸리열, 2012년 중동호흡기증후군(메르스) 등의 전염병이 세계 곳곳에서 발생한 바 있다. 그런데 이 중 동양에서 발생한 감염병에만 유독 지역에 대한 혐오의 굴레가 덧씌워졌다. 동양에서 나타난 전염병 관련 혐오는 병의 발생지와 지역, 인종, 국가에 대한 차별 이데올로기가 덧붙여진 '전염병 오리엔탈리즘Epidemic Orientalism'의 결과이다. 동양에 대한 호기심과 별개로 서양에게 동양은 여전히 문명화되지 못한 세계이다. 그러다 보니 동양권에서 병이 발생한 경우, 발병과 관련한 객관적인 사실보다 동양에 대한 편견이 더 강력하게 작용한다. COVID-19도 예외일 수 없다.

　전염병을 지역이나 국가 이름으로 부르는 데는 특정 인종, 국가, 지역, 민족, 직업군 등에 대한 편견과 혐오가 동반된다. 그런 이유로 WHO는 2015년 병명에 특정 지역이나 사람, 동물, 직업군 등을 사용하지 말 것을 권고했다. 그런데도 COVID-19는 발생 초기에

● 홍콩 독감이 유행하던 당시 병원의 모습(1968)

'우한 폐렴Wuhan Pneumonia'이라는 이름으로 불렸다. 이 명칭으로 인하여 우한이라는 지역과 중국이라는 국가에 대한 혐오가 생겼으며 이것은 순식간에 동양권 전반으로 확대되었다.

물론 지역에 대한 혐오가 동양권 국가에만 해당하는 것은 아니다. '스페인 독감'처럼 서양권 국가의 이름을 사용한 경우에도 나타난 바 있다. 동양에 대해 더 가혹하기는 하지만 동서양을 막론하고 감염병의 책임을 다른 국가나 민족에게 전가하는 사례는 많다. 그러나 이것은 단순히 전염병의 책임을 외부로 돌리는 행위에 지나지 않는다. 설령 전염병의 책임이 실제로 타자에게 있다 하더라도 그러한 태도는 바람직하지 않다. '나'의 밖에 있는 타자에게

혐의를 씌우는 행위는 곧 혐오라는 결과로 돌아온다.✦

　COVID-19 이후 확산된 동양인 혐오는 감정이나 인식의 문제를 넘어 물리적인 폭력이나 차별 같은 극단적인 모습으로 표면화되기에 이르렀다. 심지어 동양인을 COVID-19 바이러스 자체로 취급하는 일도 벌어졌다. 중국과 중국인에 대한 혐오는 이내 동양 전체로 확대되었고, 더 나아가 동양인 대상 범죄로까지 이어졌다. "실제로 뉴욕의 경우 아시아계 혐오 범죄로 체포된 비율이 2019년에 비해 (2020년인) 지난해 7배"(괄호 필자)⁹ 늘어났다는 통계도 있다. 심지어 아시아계 여성이 뉴욕 지하철에서 떠밀려 사망하거나

---

✦　전염병 명칭에 다른 국가나 민족을 덧붙이는 행위는 오래전부터 지금에 이르기까지 지속적으로 이루어져 왔다. 또한 국가와 민족의 이해관계에 따라 동일한 전염병이 상이한 병명으로 불리기도 했다.
　　"옛날부터 전염병 이름은 같은 시기, 같은 질병이라도 국가와 지역마다 달랐고, 시기에 따라서 달라지기도 했다. 바이러스니 박테리아니 도무지 병원체의 정체를 모르던 시절이었으므로, 동서양 할 것 없이 괴질이나 역병이라고 통틀어 부른 것이다. 예를 들면 가장 불명예스러운 전염병인 매독syphilis은 예전에 영국에서는 "프랑스 발진"이라고 했고, 프랑스에서는 "독일 질병" 또는 "이탈리아 질병"이라고 했다. 일본에서는 "중국 궤양"이라고 했고 러시아에서는 "폴란드 병", 이탈리아에서는 "스페인 병", 아랍에서는 "기독교인들의 병", 피렌체에서는 "나폴리 질병"이라고 부르는 등 각양각색이었다. 1890년대 미국에서는 천연두를 "검둥이 가려움증", "이탈리아 가려움증" 또는 "멕시코 혹"이라고 불렀다."—김명자, 『팬데믹과 문명』, 까치글방, 2020, 17~18쪽.
　　매독은 신대륙 발견 당시 서양인들이 옮긴 천연두에 대한 복수로 아메리카 원주민들이 퍼뜨렸다고 알려졌지만 이는 사실과 다르다. 신대륙 발견 이전인 "14세기에 영국 종교시설 등 유럽 대륙 여러 곳에서 매독으로 죽은 시신을 대량 매장한 장소를 찾아서 시신의 해골을 연구하는 재작업"(위의 책, 18쪽)이 최근 이루어지기도 했다. 위의 사례에서 보듯 전염병은 다른 국가와 민족에게 책임을 전가하는 경우가 많았다. 뿐만 아니라 천연두를 '검둥이 가려움증'이라고 부른 것처럼 인종적 편견을 담아 부르기도 했다. '검둥이 가려움증'은 서양인들이 백인 이외의 인종을 어떻게 인식하고 있었는지를 잘 보여주는 사례이다.

염산 테러를 당하는 사건도 발생했다.

2020년 당시 미국 대통령이었던 트럼프는 COVID-19를 '쿵 플루kung flu'라고 표현하며 중국을 노골적으로 비하했다. 트럼프의 이러한 발언에 곳곳에서 비난이 쏟아졌다. 그러나 "트럼프 대통령이 인종차별적 표현인 '쿵 플루'를 들먹이자 관중들이 환호"[10]하는 등 동양인 혐오에 가세하는 사람들 또한 적지 않았다.

유럽과 호주 등 다른 국가에서도 동양인 혐오 범죄와 차별이 극심하다는 보도가 잇따랐다. 독일 연방보건부 장관은 COVID-19 대처 상황을 보고하는 자리에서 COVID-19가 중국에서 발생한 것이라고 공식적으로 발표하기도 했다. COVID-19와 중국을 동일시함으로써 코로나바이러스가 "독일과 전혀 관계가 없는 문제라고 보던 일반적인 인식"✦을 명시한 것이다.

재미 한인작가 이민진 씨는 2022년 3월 20일 뉴욕타임스에 기고한 글에서, 아시아계 사람들이 "밖에 나가지 않고 집에 머무르거나, 안전한 길로만 다니고, 페퍼스프레이를 들고 다니며, 친구들과 같이 있을 때만 거리로 나선다"[11]라는 설문 결과를 밝혔다. 이 설문 결과는 COVID-19 이후 아시아계 대상 범죄가 얼마나 기승을

---

✦　이은정, 「COVID-19와 아시아의 타자화」, 『코로나 팬데믹과 한국의 길』, 창비, 2021, 220쪽.
　독일 연방보건부 장관의 이러한 발언은 독일의 문제에 국한되지 않는다. 당시 독일뿐만 아니라 대부분의 국가에서 COVID-19를 중국과 동일시했다. 그럼으로써 중국에 대한 혐오가 확대 재생산되었다.

부리고 있는지를 단적으로 보여준다. 그러나 이민진 작가는 COVID-19 전에도 아시아계를 대상으로 한 범죄가 빈번했다고 이야기한다. 그는 자신이 아시안임을 아무리 감추려 해도 "인종을 집에 두고 올 수는 없었다"[12]라며 인종 차별의 심각성을 언급했다.

더 심각한 문제는 이러한 아시안 혐오가 단순히 개인적 차원의 호오에 따른 것이 아니라는 데 있다. 모든 서양인이 아시안을 혐오하는 것은 아니지만, 적지 않은 서양인들이 아시안을 부정적이고 부조리한 프레임에 가둔 채 인종적 편견을 드러내는 것은 사실이다. 프레임에 갇힌 혐오는 인종 자체를 넘어 그 인종이 향유하는 문화와 그들이 속한 사회 전반으로까지 세력을 넓힌다. 이민진 작가는 아시안이 지닌 단편적인 외적 특성이 "전쟁의 패배나 매춘부, 스파이, 난민, 가난, 질병, 값싼 노동력, 경시대회, 사기꾼, 성적 경쟁, 재벌, 나쁜 육아, 산업화 또는 포르노 중독을 연상시켰다"[13]라고 한다. 이 작가의 기고문을 통해 동양인에 대한 혐오는 이미 오래전부터 존재하고 있었음을 알 수 있다. 그리고 이러한 혐오가 동양인은 물론이고 동양 자체에 대한 뿌리 깊은 편견으로부터 비롯되었다는 사실 또한 알 수 있다.

동양인은 서양인이 만든 프레임에 갇힌 채 그들이 만든 이미지로 고착되며, 이렇게 고착된 이미지를 바꾸는 일은 불가능에 가깝다. 오래전부터 부정적 인식이 덧씌워져 견고해졌기 때문이다. COVID-19는 이미 고착화된 부정적 프레임에 불을 붙이는 역할을 했다. 이러한 뿌리 깊은 혐오 앞에서는 어떠한 반대 논리도 힘을 발휘하지 못한다. 이미 결론은 정해졌고 견고한 프레임 속에 모든 논리는 갇혀버린다. 이런 가운데 팬데믹은 오리엔탈리즘을 강화하며 '더럽고 열등한' 동양을 합리화한다.

# 미지라는 이름의

---

## 야만과 환영

---

때로 서양이 지니고 있는 이성적 세계의 한계를 극복할 대안으로 동양적 인식론이 호명되기도 한다. 그러나 이것은 '완벽한 세계'인 서양의 일부 한계를 보완하는 역할로 기능할 뿐이다. 기본적으로 서양은 동양적 세계관이 서양의 이성적 세계관을 능가할 수 없다고 여긴다. 서양에게 동양은 신비함, 호기심, 흥미 따위의 것으로 인식되며 그들보다 열등한 존재로 취급된다. 그러니 동양적 인식론은 한계가 있을 수밖에 없다. 서양은 이처럼 동양을 하나의 독립된 세계로 인정하지 않는다. 동양을 서양과 동등한 대척점에 있는 존재가 아닌 변방으로 인식할 뿐이다. 동양에 대한 일부 긍정적 시각이 있긴 하나, 이 또한 서양에 의해 재단된 것이기 때문에 진정한 가치 평가라고 할 수 없다.

동양의 이미지는 서양의 시선과 태도에 따라 수시로 바뀐다. 팬데믹 시대의 동양 역시 그러하다. 팬데믹은 동양에 대해 남아 있던 일부 긍정적인 시선마저 거두어들이게 하며 부정적 인식을 전면에 내세웠다. 동양에 대한 기존의 이미지는 대부분 부정적인 것으로 대체되었고, 동양에 대한 호감이나 아름다움 같은 긍정적 시선 역시 일거에 뒤집혔다.

이는 새삼스러운 현상이 아니다. 동양에 대한 서양의 부정적 인식은 역사 이래 계속되어 왔으며, 동양이 세계사의 전면에 나섰을 때조차 동일하게 작동했다. 그리고 COVID-19 이후의 오리엔탈리즘은 이러한 상황을 더욱 공고히 했다. 그러다 보니 '동양에 대한 환영'이 지니는 의미도 변할 수밖에 없었다. 동양에 대한 환영은 전통적인 동양 이미지에 기대어 나타났기 때문이다.

서양이 만들어낸 동양의 이미지는 상당 부분 허구적 동양관이 차지하고 있다. 그들은 동양을 "서구 이외의 지역과 구별해서 자신들만의 독자적 정체성identity을 형성함으로써 정치적, 문화적 헤게모니를 확보하기 위한"[14] 도구로 사용한다. 서양의 우월성을 근간으로 세계를 판단하는 관점 아래서 자연히 동양이라는 환영은 주체가 될 수 없다.

서양 중심의 세계관에서 동양은 주체적 존재가 아닌 '타자'로 인식될 뿐이었다. '타자로서의 동양'에 대한 환영은 동양을 주류 질서의 변방에 자리 잡은 존재로 만들었다.

오래전부터 서양은 동양을 신기루로 바라보았을 뿐 문명으로 인정하지 않았다. 그들에게 문명은 오로지 '서양의 것'뿐이었다. 기본적으로 서양은 "인종적, 문화적으로 우월한 백인이 식민 지배를 통하여 비이성과 퇴보의 대상인 동양을 문명화하고 계몽한다는 논리"[15]를 가지고 있었다. 놀라운 것은 이러한 태도가 비교적 가까운 시기까지 지속되었다는 점이다. 이와 관련하여 서양 자연사박물관의 사례를 들 수 있다. 서양의 자연사박물관에 서양 혹은 서양인과 관련된 것들이 전시되지 않았다는 점은 문명을 대하는 그들의 태도가 어떠한지 잘 보여준다.

그동안 서양은 동양을 신비로움을 표상하는 세계로 인식해왔다. 동양을 신비한 존재로 바라보는 것을 마냥 부정적이라고만 볼 수는 없다. 그러나 '타자'로서의 동양이 전제되어 있다는 점에서 그 바탕에 부정적인 인식이 깔려 있음은 부인할 수 없다. 서양 중심의 세계 속에서 동양의 신비와 환영은 주체가 아닌, 하나의 '현상'이자 호기심에 불과했다.

자연히 서양의 입장에서 다루어지는 동양학 연구에도 한계가 있었다. "학문 영역으로서의 동양학이 어떻게 가능"[16]하며 어떤 역사적 가치와 의미를 지니고 있는지에 대한 주체적이고 주도적인 연구보다 서양의 관점이 담긴 '반쪽짜리' 연구가 많았다. 동양은 주류 질서로부터 비껴나 "서구의 지배/비서구의 피지배"[17]라는 공식에 부합하는 형태로만 존재했고, 이런 상황 속에서 서양이 만들어낸 환영의 영토로 소비되고 말았다.

동양이라는 환영과 환상은 서양이 시혜적 태도를 취할 때에만 아름다운 존재였다. 팬데믹과 같은 상황이 발생하여 서양의 태도가 바뀔 때 동양이라는 환영과 환상은 문명사회 밖으로 추락하게 된다. 오늘날 동양에 대한 대부분의 판단이나 평가는 서양에 의해 내려지며, 그 판단이 긍정적이냐 부정적이냐에 따라 동양은 다른 모습이 된다.

# 동양,

## 두 개의 시선 아래 놓이다

서양인은 동양을 자신들이 머무는 세계와 전혀 다른 곳으로 인식했다. 서양이 이성적 바탕 위에 마련된 세계라면 동양은 그 대척점에 존재하는 세계였다. 동양을 이성의 대척점에 놓인 세계라고 한 서양인의 관점은 크게 두 가지로 나뉜다. 하나는 동양을 신비하고 매혹적이라는 측면에서 바라보는 것이고 다른 하나는 미개하고 비문명화된 세계로 바라보는 것이다. 두 관점은 언뜻 반대되는 것처럼 보이지만 사실은 동양에 대한 동일한-야만과 비이성적 세계를 바탕에 깔고 있다는-인식을 전제로 한다.

에드워드 사이드는 『오리엔탈리즘』에서 크로머가 주장한 『현대 이집트』의 내용을 언급한다.* 에드워드 사이드는 크로머가 스스로의 "견해를 뒷받침하기 위하여 여기저기에서 정통 오리엔탈리즘 권위자들"[18]의 주장을 인용했으며, 그들의 "권위에 완전히 복종"[19]했다고 주장한다. 사이드는 크로머가 동양인을 "무조건 유죄"[20]라고 파악한다며 비판한다. 크로머가 동양인의 본질이 열등하다고 생각했다는 것이다.

사이드가 말한 것처럼 크로머의 주장은 지나치게 큰 편견에 사로잡혀 있다. 그는 서양인과 비서양인을 계급처럼 구분하여 생각했다. 그에게 서양인은 애초에 우월한 존재이고 동양인은 처음부터 열등한 존재였다. 동양인의 정신과 추론 능력을 문제 삼는 그에게 동양인은 훈련과 교육으로도 야만의 상태를 벗어날 수 없는 인종이었다.

사이드에 의하면 크로머는 동양인을 "우둔하고, 활력과 자발성이 없으며, '정도에 지나친 아부'와 음모, 교활, 동물학대"[21]를 일삼는

---

✦　유럽인은 주도면밀한 논리를 좋아한다. 사실을 말하는 그 서술에는 한 치의 애매함도 없다. 비록 논리학을 공부하지 않아도 유럽인은 타고난 논리학자이다. 유럽인은 타고난 회의론자이고, 어떠한 가정도 증명을 거치지 않고서는 진리라고 인정하지 않는다. 그의 훈련된 지성은 기계의 부품과 같이 작동한다. 반면 동양인의 정신은 동양의 기이한 길거리와 마찬가지로 균형이 현저히 결여되어 있다. 동양인의 추론은 매우 감상적인 것이다. 고대 아랍인은 약간 높은 논증술을 습득했으나, 그 후손들은 논리적 능력이 극심하게 결여되어 있다. 그들은 그들이 인정할 수 있는 진리의 단순한 전제로부터 가장 분명한 결론을 이끌어낼 수도 없다. 어떤 평범한 이집트인으로부터 사실에 관한 단순한 진술을 얻고자 노력해보라. 그의 설명은 일반적으로 너무 길고 명료하지 못할 것이다. 아마도 얘기가 끝나기까지 몇 번이나 자기모순에 빠지고, 가장 쉬운 반대 심문에도 정신을 못 차릴 게 뻔하다.—에드워드 사이드, 박홍규 옮김, 『오리엔탈리즘』, 교보문고, 2020(개정증보판), 78쪽.

존재로 보았다. 뿐만 아니라 그는 "동양인들은 도로도, 포장도로도 제대로 찾아 걸을 수 없다"[22]라고 주장했다. 동양인은 무질서한 머리를 지니고 있기 때문에 도로와 포장도로가 걷기 위한 용도인지조차도 모른다고 한 것이다. 크로머는 유럽인과 동양인은 근본적으로 다른 존재라고 생각했다. 그는 동양인은 훈련과 교육을 받더라도 이성적 존재가 될 수 없는 데 반하여, "논리학을 공부하지 않아도 유럽인은 타고난 논리학자"라고 주장한다. 그는 동양인의 인종적 측면뿐 아니라 정신에 대해서도 부정적으로 평가하며, 그것이 동양의 "기이한 길거리와 마찬가지로 균형이 현저히 결여"되어 있다고 말한다.

이런 점에서 그가 동양인의 삶의 방식과 문화 전반을 얼마나 열등한 것으로 보고 있는지 알 수 있다. 이러한 인식은 크로머를 비롯한 많은 서양인들이 동양에 대해 오랫동안 지녀온 고정관념이기도 하다. 물론 서양인들이 동양을 신비하고 매혹적인 세계로 파악하는 것도 사실이고, 동양적 세계관을 선禪이나 도道와 같은 정신활동으로 이해하는 것도 사실이다. 때로 서양의 물질문명이 지닌 문제점을 해결할 대안으로 동양적 세계관이 언급되기도 하며, 동양적 인식론이 서양의 이성적 사고의 한계를 극복하게 해줄 것이라고 보는 시각도 있다. 이때 서양의 이성적 사고와 물질문명은 부정적 세계를 표상한다.

이러한 인식은 언뜻 긍정적인 것처럼 보인다. 하지만 그렇다고

하여 서양인들이 지니고 있는 우월적 태도와 입장 자체가 달라진 것은 아니다. 동양적 세계에 대한 일부 긍정적인 시각은 서양 중심적 세계관을 보완, 확장하기 위한 수단일 뿐이었다. 그들은 동양에 서양적 세계관을 압도하는 철학과 이성이 존재한다고는 믿지 않았다.

동양을 열등한 존재로 치부하면서 한편으론 대안적 세계로 인식하는 것이 이율배반처럼 느껴지지만, 서양이 동양을 보조적 수단으로 여겼음을 인지한다면 이러한 태도는 전혀 이상할 것이 없다. 서양인들이 동양에 대해 양가적 감정과 태도를 지니고 있지만, 본질적으로는 모든 면에서 자신들의 우위를 전제로 한다는 것은 기정사실이다.

우리가 주목해야 할 것은 동양을 바라보는 서양인의 시각이 긍정과 부정이 충돌하여 나타난 결과가 아니라는 사실이다. 서양인이 동양에 대해 갖는 입장은 기본적으로 부정적이다. 서양은 언제나 일관되게 동양을 하위 세계로 인식했으며 비주류의 프레임에 가둬놓았다.

제대로 알지 못하는 세계에 대한 궁금증과 호기심은 막연한 관심과 기대를 불러일으킨다. 그러나 이는 말 그대로 막연한 관심과 기대일 뿐이다. 서양인들이 동양에 대해 갖는 태도가 그렇다. 그들의 태도는 대개 호기심 차원에 지나지 않으며, 호기심은 상대에 대한 진지한 관심의 표명이라기보다 낯설고 신기한 것에 대한 궁금증에 불과하다. 동양을 바라보는 서양인들의 시선은 흡사 문명인이 신기한 자연 현상을 바라볼 때의 그것과 같다. 즉 이국異國에 대한 단순한 궁금증에서 비롯된 호기심일 뿐이다.

동양을 동등한 존재나 문화로 여기지 않는 그들의 태도는 동양적 세계관에서 일말의 해결책을 찾아야 할 때도 나타난다. 이런 때조차 오직 서양만이 문명사회이며 우월적 존재라는 그들의 인식은 변함이 없다. 동양과 동양적 세계관은 그저 우월적 존재인 서양의 보완재로 기능할 뿐이다.

한편 서양인에게 동양은 가닿고 싶은 이상향이자 선禪을 의미하기도 한다. 정말로 동양은 이상향이자 선의 세계일까? 동양이 정신적 세계관의 이상을 구현하는 곳이라는 근거는 과연 무엇일까?

물론 서양은 즉물적 세계를, 동양은 정신적 세계를 표방한다는 의견에는 어느 정도 수긍이 간다. 하지만 동서양을 각각 하나의 세계로 단언하는 것은 곤란하다. 오늘날과 같은 복잡다단한 세상에서 그런 구분법은 더 이상 전과 같은 힘을 갖지 못한다. 뿐만 아니라 동양을 정신적 세계관의 이상향으로 보는 것은 동양이 지니고 있는 일부 특징을 전체인 양 포장한다는 점에서도 무리가 있다. 더구나 이런 이미지가 언제나 긍정적인 의미를 가지는 것도 아니다. 정신적 세계가 강조되는 순간 동양은 곧 비문명과 연결되기 때문이다.

이런 문제는 동양을 자연과 친화한 존재로 보는 인식에도 드러난다. 결국 오늘날 동양은 긍정과 부정의 면모를 동시에 지닌 서양과 대등한 존재가 아닌, 서양의 관점과 판단에 의해 재조직된 부정적 이미지의 타자로 남게 되었다.

# 이누이트 소년

'미닉'의 이야기가 말하는 것

에드워드 사이드는 그의 저서 『오리엔탈리즘』에서 기존에 '동양학'이나 '동양적인 것'을 의미하던 오리엔탈리즘을 '서양에 의해 왜곡된 동양'으로 재해석했다. 사이드가 재정립한 오리엔탈리즘의 개념은 오늘날 오리엔탈리즘을 설명하는 일반적인 의미로 사용되고 있다. 사이드가 지적하는 서양에 의한 동양 왜곡은 사실 오래전부터 존재해왔다. 팬데믹 이전에도 동양을 바라보는 서양인들의 시선은 지금과 별반 다를 바 없었다. 서양인들은 근대 이전에도 동양에 대해 종종 우월적 태도와 지배자적 입장을 취하곤 했다.

지금부터 말하고자 하는 이누이트 소년 '미닉'의 이야기(켄 하퍼, 『뉴욕 에스키모 미닉의 일생』 청어람미디어, 2002)는 동양인에 대한 서

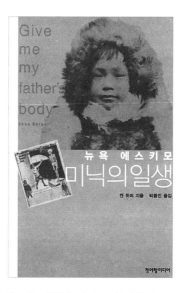

- Kenn Harper, 『Give Me My Father's Body: The Life of Minik, the New York Eskimo』, Frobisher Bay, NWT : Blacklead Books, 1994(사진 왼쪽) 켄 하퍼 지음, 박종인 옮김, 『뉴욕 에스키모 미닉의 일생』, 청어람미디어, 2002(사진 오른쪽)

양인의 삐뚤어진 인식을 잘 보여준다. 피어리는 북극 탐험 중에 그린란드 이누이트족의 도움을 받았지만 이누이트족을 철저하게 멸시했다. 그것은 흡사 피지배층에 대한 지배자의 입장과도 같은 것으로, 유색인종을 바라보는 서양인의 시각이 적나라하게 드러난 사건이었다.

우리에게 널리 알려진 미국의 탐험가 로버트 피어리는 수차례에 걸쳐 북극권을 탐험했다. 피어리의 북극 탐험은 그곳에 사는 이누이트족의 도움이 있었기에 가능한 일이었다. 하지만 피어리는 고

마워하기는커녕 수차례 북극 탐험을 하는 과정에서 이들의 진귀한 물건을 강탈했다. 이누이트족의 물건을 강탈하는 대가로 피어리가 지불한 것은 초콜릿과 같은 하찮은 것들이었다.

더구나 그는 자신을 도와준 이누이트족을 단 한 번도 인격적으로 존중하지 않았다. 피어리의 욕심은 끝이 없어서, 그는 이전보다 더 진귀한 약탈품을 가지고 미국으로 돌아가고 싶어했다. 그에게 북극은 정복지에 불과했고, 결국 그는 약탈품으로 사람을 선택하기에 이른다.

피어리는 미닉과 미닉의 아버지를 포함한 이누이트족 6명을 데리고 미국으로 귀환한다. 미국에 온 이누이트족은 동물원의 동물처럼 사람들의 구경거리가 되고, 미국 도착 후 그린란드로 되돌아간 1명과 미닉을 제외한 나머지 4명은 감기 바이러스에 감염되어 숨지고 만다. 미국인들은 이들의 장례를 치러주고 미닉을 입양 가정에서 살게 한다.

하지만 여기에는 놀라운 비밀이 숨겨져 있었다.

미닉은 뉴욕자연사박물관에서 충격적인 장면을 목격한다. 미국인들이 장례를 치러주었던 아버지와 동료들의 시신이 뼈와 살이 발린 채 해체되어 박물관에 전시되고 있었던 것이다. 미닉은 아버지와 동료들의 시신을 돌려달라고 미국 정부와 박물관에 요청하지만 거절당한다. 피어리 역시 도움을 요청하는 미닉을 외면한다. 이후 미닉은 28살의 한 많은 생을 마감하고, 미닉의 아버지와 동료들의 시신은 그들이 그린란드를 떠난 지 96년이 지난 뒤에야 비로소 고향으로 돌아간다.

미닉을 비롯한 이누이트족이 겪은 기구한 일은 탐험이라는 이름으로 자행된 인권 유린 그 자체였다. 오랫동안 서양인들은 그린란드를 비롯한 북극권에 큰 호기심을 갖고 있었으며, 그곳을 탐험✦ 대상으로 여기고 정복하고 싶어했다.

탐험의 역사는 언제나 특정 집단의 입장을 반영하며 이어져왔다. 이를테면 항해술을 비롯한 각종 기술 문명이 발달한 나라에 의한 정복이었으며, 동양에 대한 서구 세계의 폭력이었고, 자연에 대한 인간의 도전이었다. 피어리 이외의 여러 탐험 사례 역시 이러한 구도와 크게 다르지 않았다. 여기에는 힘의 역학 관계가 작용하기 마련이었는데, 중국의 경우는 조금 달랐다. 중국은 뛰어난 항해술과 선박 건조 능력을 보유하고 있었지만, 바다에 큰 흥미가 없었다. 따라서 다른 세계를 향한 탐험은 주로 서양인들에 의해 이루어졌다.

탐험의 주체는 대체로 정복자나 지배자의 입장을 지니고, 탐험의 객체는 피정복자나 피지배자의 위치에 놓인다. 그리고 이런 관

---

✦ 이때 '탐험'은 서양인의 시각을 반영한 말이다. 탐험의 대상이 되는 장소는 서양 이외의 지역이거나 서양인에게 미지의 세계인 곳이다. '아직 알지 못함'을 의미하는 '미지'라는 단어 역시 마찬가지다. 미지의 세계를 탐험한다는 것은 서양의 관점에서 알려지지 않은 세계를 탐험하는 것이다. 이때 탐험의 대상이 되는 미지의 세계는 문명 세계로서의 서양 반대편에 자리한다.

계는 필연적으로 억압과 고통, 폭력과 수탈을 동반한다. 피어리의
북극 탐험 또한 마찬가지다. 피어리에 의해 자행된 폭력과 혐오,
억압, 멸시는 한 개인의 문제로 끝나지 않는다. 피어리가 이누이트
족에게 행한 일들은 비서구권에 대한 서양 인식의 전반을 적나라
하게 드러내준다.

탐험은 일반적으로 '인류에게 제대로 알려지지 않은 것들을 찾
아 살펴보는 행위'라는 뜻을 가지고 있다. 중요한 것은 탐험의 주
체가 되는 '인류'가 오랫동안 서양인을 의미해왔다는 사실이다. 탐
험은 근대 이전은 물론이고 근대 이후에도 줄곧 동양에 대한 서양
의 호기심과 욕망을 표출하는 도구로 쓰였다.

피어리를 비롯한 서양인들이 이누이트족에게 보인 호기심에는
기본적으로 그들을 열등한 인종으로 바라보는 관점이 내재되어
있었다. 서양인들의 태도는 미지의 세계를 향한 단순한 궁금증이
아니었다. 그것은 서양의 대척점에 있는 세계에 대한 폭력이었으며,
그들이 인류와 별개로 치부했던 '자연으로서의 동양인'에 대한 편
견이었다.

미닉의 이야기는 오로지 자신들의 삶과 세계만을 문명인 줄 알
았던 서양인의 삐뚤어진 인식을 잘 드러낸다. 당시 자연사박물관
은 자연과 관련된 것들을 전시하는 곳이었는데 그들이 '유일한 인
류'라고 여긴 서양인들과 관련된 것들은 여기에 전시되지 않았다.
여기서 미닉의 아버지와 동료들을 전시한 곳이 뉴욕자연사박물관

인 것이 설명이 된다. 그들의 관점에서 서양 이외의 인종은 자연의 일부에 지나지 않았던 것이다. 동양에 대한 서양의 편견과 혐오의 역사는 그만큼 뿌리 깊다. 팬데믹 상황에서는 물론이고 팬데믹이 아닌 때에도 일상적으로 나타나던 것이었다.

# 2

## 오리엔탈리즘과 옥시덴탈리즘

# 과거 속에 갇힌

―――

## 동양

―――

서양의 눈에 비친 동양은 어떤 모습인가? 당연한 이야기지만 동양의 역사는 시간의 흐름에 따라 끊임없이 변화하고 발전해왔다. 더구나 오늘날 세계화의 시대 속에서 동양의 시간과 서양의 시간은 대체적으로 비슷한 층위의 시공간 속에 놓인다. 그러나 과거에는 동서양의 시공간이 서로 다른 층위에 놓인 경우가 많았고, 그런 만큼 각각의 문화는 동질성이 크지 않았다. 따라서 동서양의 삶과 세계는 완전히 다른 것으로 여겨졌다. 문제는 이 '다름'이 우열의 관계를 형성하게 되었다는 사실이다. 흔히 서양은 기계 문명을 중심으로 구축된 이성적 세계로, 동양은 과학과 이성보다 정신적인 면이 강조된 세계로 이해된다. 정신적인 면이 강조된 이미지만으로는 동양의 모습을 온전히 나타내기 어렵지만, 동양 문명이 정신적 세계를 중심에 놓고 있다는 것은 대체로 맞는 말이다. 그런데 어떻게 된 일인지 동양의 정신적 세계는 서양에 의해 쉽사리 비이성적인 것으로 치부된다. 서양에 의해 만들어진 동양의 정신적 측면은 긍정적인 의미를 지니기도 하지만 비이성과 비문명 같은 부정적인 것을 연상시키기도 한다. 그리고 이렇게 만들어진 이미지는 그대로 굳어져, 때로 우리 스스로가 무의식적으로 동양에 대한 편견을 확대하는 결과로 이어진다.

동양이라는 말은 왠지 과거의 시간을 지칭하는 것만 같다. 동양의 역사는 분명히 현재 진행형인데 이상하게도 전통과 전근대라는 이미지와 동일시된다. 그리고 이것은 동양에 낡은 과거라는 옷을 입힌다. OECD 국가인 우리나라와 일본도 마찬가지다. 서양인들이 동양에 대해 근대적 이미지를 가지고 있는 것도 사실이지만 이러한 근대적 이미지 역시 전통적 이미지와 함께 다가오는 경우가 많다. 태국만 하더라도 가장 먼저 떠오르는 것은 사원의 이미지다. 저개발국가의 남루한 풍경은 서양인의 인식 속에서 종종 과거에 갇히며, 동양에서는 현재를 관통하는 시간은 물론이고 다가오지 않은 미래까지도 과거에 머무르는 기이한 일이 벌어진다. 이로써 동양은 문명세계의 반대 지점에서 전통과 전근대라는 늪에 빠진 채 헤어나오지 못하는 존재로 전락한다.

과거에 갇힌 동양의 이미지에 덧씌워지는 것은 단순한 전통이 아니다. 이때의 전통은 곧 '발전하지 못한 것'을 의미한다. 유럽의 전통이 빛나는 문화의 소산으로 인식되는 것과 상반되는 지점이다. 많은 이들에게 중세 유럽의 화려함은 곧 빛나는 자부심과 부러움으로 연결된다. 사람들은 중세 유럽의 역사에는 동양이 경험해보지 못한 앞선 문명이나 세계를 지배하는 위엄이 있다고 여긴다. 단지 중세 유럽의 역사일 뿐인데 마치 전 세계 모두의 역사인 양 인식된다. 오직 유럽의 역사만이 세계사의 중심이자 주류로 받아들여진다. 유럽을 제외한 지역과 국가의 역사는 국지적이고 개별적이며 단편적인 것으로 이해된다.

서양 중심으로 재편된 역사는 공평하게 파악해야 하는 세계사를 편협하게 만든다. 서양의 문화와 삶의 방식이 보편화된다는 것은 서양 밖의 세계에는 곧 역사적 단절을 의미한다. 하지만 서양은 아무런 문제 의식도 갖지 않는다. 자신들의 기존 문화와 역사가 계속되고 있기 때문이다.

반면 유럽 밖 국가들은 사정이 다르다. 이들의 역사는 대부분 전근대와 근대로 나뉘며 전통과 단절된다. 고유의 문화와 삶의 방식이 이어지던 전근대는 서양의 문화가 전해진 근대와 충돌하며 분리된다. 우리나라만 하더라도 조선시대와 근대는 완전히 다른 세계로 분리되었으며, 전통 문화와 근대적 삶의 방식 또한 자연스럽게 연결되지 못했다. 이에 비해 유럽의 역사와 문화는 전근대와 근대로 나뉘기는 하지만 맥락을 갖고 하나로 이어진다. 두 세계가 유럽 밖 국가처럼 충돌하지 않는다. 유럽은 전근대에서 근대로 넘어가는 시기에 시민계급이 부상했으며 자연스럽게 산업혁명이 전개되었다. 따라서 서양의 전근대는 과거에 갇혔다기보다 근대와 하나의 축으로 연결되었다고 볼 수 있다.

그러나 서양 이외의 지역에서는 이런 변화가 전혀 다른 양상을 띤다. 그들에게 과거는 전통으로, 근대화로 이루어진 현재는 서양 문화의 연장선으로 이해된다. 두 세계가 하나의 시간으로 이어졌으나 그 간극은 멀다. 하나이지만 분리된 두 개다. 시간은 근대 이후로 접어들었는데 이미지는 근대 이전인 과거로 대표된다.

서양과 다를 바 없는 근대화와 경제적 성장을 이룬 동아시아 국가들을 떠올릴 때도 근대 이전의 전통 이미지가 맨앞을 차지한다. 분명히 서양과 동일한 역사적 시간을 살고 있는데 여전히 그들은 과거의 시간 속에 존재한다. 물론 동양의 현재가 전통 그 자체가 아니라는 점은 대부분의 사람들이 안다. 하지만 그것과 별개로 동양의 이미지를 구축하는 것은 과거 속에 갇힌 전통이다.

동양이 과거의 이미지로 굳어진다는 것은 단순하게 전통적인 세계를 드러내는 것만을 의미하지 않는다. 경제적, 정치적, 문화적 성장에도 불구하고 동양의 현재는 서양의 그것과 다르다는 느낌을 준다. 때로는 비이성적이고 기이한 것으로 인식되기도 한다. 과거의 이미지를 여전히 휘장처럼 두르고 있다는 것은 동양이 서양과 구분된 세계임을 나타내는 강력한 상징이 된다. 그리하여 과학의 눈부신 발전과 문화의 세계화에도 불구하고 전통만이 동양을 대표하는 '특별함'으로 남게 된다. 서양은 이러한 이미지를 동양 특유의 분위기로 파악하며, 이국적 낭만으로 받아들이고 소비한다. 그러나 겉으로 드러난 이미지만으로 동양의 신비와 매혹을 이해할 수는 없다. 단순한 호기심의 대상으로만 남는다면 동양은 더 이상 주체적인 존재가 될 수 없다.

　서양은 '동양적인 것'이라는 프레임을 만들어놓고 그 안에 동양을 가두어버린다. 그럼으로써 신비롭고 고요한 이미지는 수동적이고 소극적인 존재 또는 먼 과거의 낡은 세계로 치환된다. 우리는 이러한 시선이 본질적으로 서양이 동양을 하위 세계로 인식한 데서 비롯되었음을 간과해서는 안 된다. 여기에는 절대 우위에 있는 이가 자신의 영향력 아래에 있는 이를 평가 대상으로 삼는 것처럼, 동양을 굽어보며 평가하는 태도가 깔려 있기 때문이다.

# 타자로서의 동양과

---

## 오리엔탈리즘

---

칼 마르크스는 동양을 스스로 "대변할 수 없고, 다른 누군가에 의해 대변되어야"[23]하는 존재로 파악했다. 이에 대해 사이드는 "마르크스의 동양관이 당대의 오리엔탈리즘에 근거한, 지극히 보수적인 것"[24]이었음을 언급한다. 마르크스의 인식이 서양인들의 생각을 대표한다고 볼 수는 없지만 그를 통해 동양을 폄하하는 서양의 뿌리 깊은 차별 의식을 살펴볼 수는 있다. 심지어 이것이 인민의 평등에 대해 고민한 마르크스의 입장이라는 점이 더욱 놀랍다. 마르크스의 발언은 단순히 동양인을 무시하거나 차별하는 수준에 머물지 않는다. 이 말의 바탕에는 동양인이 서양인과 같은 사람일 수 없다는 의미가 깔려 있다. 스스로를 대변할 수 없으며, 다른 이에 의해서만 자신의 존재를 알릴 수 있

다는 말에 깔린 차별과 혐오가 상상을 초월한다.

서양인들이 지니고 있는 우월의식은 그만큼 뿌리 깊다. 오랫동안 서양은 동양인을 미개하고 야만적인, 스스로의 삶을 능동적이고 주체적으로 이끌지 못하는 존재로 인식했다. 서양인에게 문화의 기원과 인류의 중심은 오로지 서양뿐이요, 서양 이외의 세계는 비문명, 곧 자연에 불과했다.

동양은 서양의 편견 속에 타자화되었고, 동양에 대한 이미지는 서양인의 일방적 관점으로 조작되고 왜곡된 채 지금까지 지속되어왔다. 서양인에게 동양은 "로맨스, 색다른 존재, 잊을 수 없는 기억과 풍경, 특별한 체험담의 장소"[25]였다. 언뜻 긍정적인 평가인 것처럼 보이지만 실상은 동양을 한낱 이색적인 구경거리로 파악하고 있다는 것을 알 수 있다. 서양은 자신들이 동양과 다르다는 것을 기본 전제로 하고, 동양이라는 '색다른 존재'의 밑바탕에 야만을 상정한다. 이때 '다르다'는 것은 단순한 차이가 아닌 차별, 즉 동양이 자신들보다 열등한 존재라는 편견을 바탕에 둔 말이다. 이러한 바탕 위에서 세계의 중심은 서양이고, 동양은 그저 서양과 다른 이색적인 존재일 뿐이다.

오리엔탈리즘은 동양을 객관적으로 바라보지 않는다. 또한 동양과 관련된 다양한 조건과 상황을 이성적으로 바라보지도 않는다. 오리엔탈리즘은 서구의 시선일 뿐 여기에 동양의 관점은 개입되어 있지 않다. 아이러니하게도 동양을 이야기하는데 동양의 입장은 철저히 배제되어 있는 것이다. 서양이 만들어낸 이미지는 동양인들이 자주 언급하는 '동양적的'이라는 말, '동양의 신비'라는 표현에도 은연중 드러난다.

오리엔탈리즘 속의 동양은 서양의 의식 속에만 존재하는 신기루와 같은 것이었다. 사이드는 이러한 동양과 서양의 관계를 바탕으로 동양에 대한 서양의 오만과 몰이해를 비판한다. 사이드의 오리엔탈리즘이 동양에 대한 서양의 관점 전부를 소화할 수 있는 것은 아니지만, 근대 이후에 나타난 오리엔탈리즘을 매우 적절히 설명하고 있는 것은 분명하다.

사이드의 시각은 한쪽에 치우쳐 있다는 비판을 받기도 한다. 혹자는 사이드가 동양에 대한 서양의 시선을 여러 가지 방향에서 파악하지 않고 부정적인 측면만을 강조함으로써 오리엔탈리즘의 의미를 제한했다고도 주장한다. 실제로 오리엔탈리즘은 앞서 언급한 것처럼 단순히 동양이나 동양적인 것을 지칭하는 단어였다. 그러나 사이드는 근대 이후의 오리엔탈리즘을 단순한 언어적 수사로 파악하지 않았다. 근대 이후, 서양에 의해 만들어진 동양의 이미지를 통해 오리엔탈리즘이 지속적으로 구축되고 강화되었기 때문이다.

사이드는 오리엔탈리즘을 통해 동양에 덧씌워진 환영과 편견, 오해 등에 주목했고, 서양에 의해 만들어진 동양의 허상을 밝히려 했다. 사이드에 대한 일부 비판에도 불구하고 오늘날 그가 호명한 오리엔탈리즘이 의미를 갖는 이유다. 오히려 오리엔탈리즘의 본질을 설명하는 데는 사이드의 관점이 더 적합하다고 볼 수 있다. 그런 점에서 근대 이후의 오리엔탈리즘을 부정적인 것으로 파악한 사이드의 시선은 많은 이들의 공감을 이끌어낸다.

 물론 사이드의 오리엔탈리즘에 일부 편견이 개입되었음은 부인할 수 없는 사실이다. 그는 "영국의 인도 경험, 포르투갈의 동인도 제도와 중국 및 일본에서의 경험, 프랑스와 이탈리아의 동양 여러 지역에서의 경험"[26] 등 아시아 지역사를 언급하며 이들을 유럽에 대적하지 못한 패배자의 모습으로 기술하고 있다. 한 예로 인도에 대해서는 "인도 그 자체가 유럽에 대하여 토착세력으로 위협한 적은 전혀 없었"[27]으며 "유럽의 완전한 정치 지배에 맡겨지게 되었다"[28]라고 주장한다. 그리하여 유럽인이 인도와 같은 동양을 "영주와 같은 거만함으로 다룰 수 있게 되었다"[29]라고 말한다. 사이드의 이런 인식은 아시아 각 국가들의 상황을 단편적으로 파악한 결과이다. 하지만 사이드는 이슬람에 대해서는 다른 입장을 취한다. 그는 "아랍과 이슬람의 동양만이 정치적, 지적 차원에서, 또 어떤 시기에는 경제적인 차원에서도 유럽에 대하여 확고하게 도전을 계속했다"[30]라고 주장한다. 하지만 이 또한 앞의 경우와 마찬가지로 단편적인 인식이다. 사이드가 팔레스타인 예루살렘에서 태어나 성장기와 대학 시절을 보냈다는 사실을 감안할 때 이러한 태도는 자기중심적 관점에서 비롯된 것으로 보인다.

몇몇 문제에도 불구하고 사이드의 오리엔탈리즘은 동양의 상황을 설명하고 이해하는 데 대체로 적합하다. 그리하여 오늘날 오리엔탈리즘은 에드워드 사이드의 주장을 중심으로 이야기된다.

　현대 사회는 무수히 많은 불평등 속에 놓여 있다. 동양의 위상이 전에 비해 많이 나아졌다고는 하지만 여전히 세계는 서양을 중심으로 돌아간다. 동양권의 일부 국가가 거둔 경제적인 성공은 단편적인 부의 성취에 불과하다는 평가를 받고 있기도 하며, 한류를 비롯한 동양 문화의 약진에도 불구하고 세계 문화의 주도권은 여전히 서양에게 있다. 동양은 서양과 수평적 관계가 아닌 수직적 관계 속에서 재단되고 평가되기 일쑤다.

　아서 버스루이스는 오리엔탈리즘을 긍정적 오리엔탈리즘과 부정적 오리엔탈리즘으로 나누는데, 긍정적 오리엔탈리즘으로 근대 이후 세계의 부조리를 파악하는 것은 사실상 쉽지 않다. 비극과 차별, 부조리와 공포로 가득한 근대 이후의 세계를 더 깊이 사유하게 하는 것은 부정적 오리엔탈리즘이다. 사이드의 오리엔탈리즘이 문제적이고 의미 있는 것은 바로 이 때문이다.

# 동양이라는 이름의

## 클리셰

오리엔탈리즘은 서양의 지배 담론이 만든 허상이다. 서양에 의해 만들어진 '가짜 동양'은 어느덧 진짜를 압도하게 되었다. 물론 동양에 대한 허상에 부정적 이미지만 있는 것은 아니다. 그러나 일부 긍정적 이미지 역시 서양의 관점에서 만들어진 것으로, 결국 동양은 진짜 이미지와 가짜 이미지, 긍정적 이미지와 부정적 이미지가 혼재된 상태가 되어버렸다. 그런데 문제는 많은 사람들이 동양에 대한 오해를 실체적 진실로 받아들이게 되었다는 점이다. 오랜 세월을 지나는 동안 고착화된 이미지는 어느새 사람들 사이에 보편타당한 것으로 자리 잡게 되었다.

동양에 대한 클리셰는 바로 이러한 지점으로부터 탄생한다. 그리고 그것이 가진 진부함에도 불구하고 마치 변하지 않는 진실처럼 우리 앞에 당도한다. 또한 동양에 대한 클리셰는 또 다른 클리셰를 재생산하며 사회적 이슈가 된다. 동양에 대한 클리셰는 여러 경로를 통해 반복되며 재생산되는데, 근대 이후에는 특히 대중문화를 통해 일반 대중에게 강력한 힘을 발휘한다. 동양적 클리셰를 다루는 작품은 신비함과 이국적 새로움, 감동적인 플롯과 아름다운 이미지 등을 통해 타자로서의 동양을 우리 앞에 공고히 한다.

오리엔탈리즘이 동양에 대한 온갖 클리셰로 가득 찬 채 확대 재생산되는 것에 비해 옥시덴탈리즘은 사회적 문제나 이슈가 거의 되지 않는 것을 알 수 있다. 옥시덴탈리즘이 서양에 대한 클리셰로 확대되는 일도 당연히 드물다. 물론 기계문명의 한계나 비정신적 세계에 대한 비판을 논할 때 서양에 대한 클리셰나 옥시덴탈리즘이 나타나긴 한다. 하지만 그런 경우 클리셰와 옥시덴탈리즘은 매우 제한적인 범위에서 작동할 뿐이다. 오리엔탈리즘이 동양과 동양인 전반에 걸쳐 혐오와 폄하의 양상으로 나타나는 것과 비교되는 지점이다.

팬데믹도 마찬가지다. 오리엔탈리즘은 팬데믹의 직접적인 영향을 받아 혐오를 양산하지만 옥시덴탈리즘은 팬데믹의 영향으로부터 비교적 자유롭다. 불평등한 동양과 서양의 지위는 오리엔탈리즘과 옥시덴탈리즘의 의미마저 불평등하게 만들었다. 아무런 문제가 발생하지 않았을 때 오리엔탈리즘과 옥시덴탈리즘은 그저 '이즘'에 불과하지만, 문제가 불거졌을 때 둘은 완전히 다른 양상으로 전개된다. 팬데믹 상황 아래에서 오리엔탈리즘은 동양에 대한 부정적 인식을 확산하지만, 옥시덴탈리즘이 특정 인종이나 국가의 문제로 확산되는 일은 상대적으로 적다.

이처럼 팬데믹과 오리엔탈리즘은 긴밀한 관계에 놓여 서로 영향을 주고받는다. 그리고 그 가운데 불평등의 골은 더욱 깊어진다. 동양이 팬데믹의 발생지이며, 동양의 문화적, 인종적 특성이 감염병을 일으킨다는 듯한 뉘앙스는 어느새 사실로 굳어져 동양에 대한 편견과 공격으로 이어진다. 그러나 팬데믹의 발생이 동양의 문화적, 인종적 특성에 기인한다는 근거는 어디에도 없다. 앞에서 언급한 것처럼 팬데믹의 발생지가 동양인 경우도 있지만, 서양인 경우도 많다. 하지만 부정적 인식과 혐오의 대상이 되는 것은 대부분 동양이다.

1948년 WHO가 생긴 이후에 발생한 세 번의 팬데믹 중 두 번이 동양에서 시작되었기 때문일까? 그렇게 생각할 수도 있지만, 정확하게 말하자면 이것은 동양 혐오의 프레임을 씌우기에 그럴듯한 핑계가 되었을 뿐이다. 세 번 중 두 번이 동양에서 발생했다고 해서 동양을 혐오의 대상으로 몰고 가는 것은 합리적이지도 바람직하지도 않다.

팬데믹은 감염병 그 이상도 이하도 아니다. 문제는 팬데믹을 빌미로 덧씌운 오리엔탈리즘이라는 굴레이다. 팬데믹이 아니어도 유사한 사건이 발생하면 언제든지 오리엔탈리즘은 작동할 것이다.

COVID-19로 인해 나타나는 동양인 혐오와 폭력 사태의 근원에도 오리엔탈리즘이라는 굴레가 씌워져 있다. 동양과 동양인, 동양 문화에 대한 부정적 인식과 혐오의 역사가 긴 만큼 이 굴레를 벗어나기란 쉽지 않다. 단순히 싫고 좋고의 문제가 아니라 우열관계에 새겨진 오만과 멸시의 주홍글씨 같은 것이기 때문이다. 동양인을 자신들과 전혀 다른 특성을 지닌 종족으로 바라보는 서양인의 뿌리 깊은 멸시의 서사는 몸에 새겨진 유전자처럼 쉽게 변하지 않는다. 이 같은 차별적 인식과 편견은 크로머의 저작을 통해서도 확인할 수 있다. 사이드는 이와 관련하여 앞서 언급한 크로머의 책 『현대 이집트』의 내용을 인용한다.[31]

크로머는 동양인은 모든 면에서 "앵글로색슨 인종의 명석함, 솔직함, 고상함과 대조적"[32]이라고 주장한다. 얼마나 오만하고 편협한 주장인가? 동양을 바라보는 서양의 시선이 모두 이런 것은 아니지만, 이러한 편견이 곳곳에서 적지 않게 작동하고 있음은 부인할 수 없다.

동양에 대한 서양의 인식은 세월을 지나며 하나의 확고한 이론처럼 굳어져 우리의 의식과 무의식을 장악해버렸다. 물론 근대 이후의 이성은 서양과 동양 사이에 차별이 존재하지 않는 것처럼 위장한다. 인종 차별과 편견이 버젓이 실재함에도 불구하고 공식적으로는 이러한 사실을 부인한다. 하지만 우리는 먼 과거로부터 오늘에 이르기까지 동양에 가해진 일들을 알고 있다. COVID-19 사태 속에 나타나는 동양인 혐오의 바탕에는 이처럼 뿌리 깊은 오리엔탈리즘이 깔려 있다. COVID-19가 구실이 되었을 뿐, 서양이 동양을 향해 자행하는 혐오와 폭력은 어제오늘의 이야기가 아니다. 그것은 부정할 수 없는 역사적 사실이며 되돌릴 수 없는 아픔이다. 긴 시간을 통과하며 더욱 단단해진 동양이라는 클리셰는 어느새 확고한 진실, 변하지 않는 존재가 되어 우리 앞에 모습을 드러낸다. 그리고 그것은 이내 내면화되어 동양인들마저도 부조리한 동양적 자아를 받아들이게 만든다. 오리엔탈리즘의 뼈아픈 슬픔은 바로 여기에 있다.

# 비극적 타자화에 담긴

## 오만과 편견

서양의 입장에서 타자화된 동양은 서양 중심의 세계사로부터 추방된 존재였다. 오랜 세월 인류의 세계사는 유럽을 중심으로 쓰였으며 유럽의 역사만이 보편타당한 서사로 받아들여졌다. 인류의 기원이 유럽이나 백인이 아님에도, 자신들만이 세계의 중심이라는 그들의 주장 또한 아무런 근거가 없음에도 오랫동안 세계사의 주인공은 유럽에 사는 백인이었다. 아시아와 아프리카는 그저 호기심의 대상일 뿐이었고, 아직까지 서양인에게 발견되지 않았던 아메리카와 오세아니아는 그들의 입장에서 존재하지 않는 지역이었다.

오늘날의 세계사도 크게 다르지 않다. 근대 이후에는 유럽 이외의 국가들도 세계사의 패권을 나눠 갖게 되었고, 지금은 동양권에도 서양과 어깨를 나란히 하는 나라들이 여럿 있지만, 여전히 세계의 주도권은 백인들이 중심인 나라가 쥐고 있다. 동양은 서양에 의해 발견된 이후에 세계사의 전면에 등장했다. 물론 이는 전적으로 서양의 시각에서 그렇다는 뜻이다. 이상하지 않은가. 서양이 동양을 발견하기 전에 이미 동양이, 그리고 동양의 역사가 존재했으며, 동양의 세력이 서양에 영향을 미칠 정도로 확장되었던 시기도 있었는데 말이다.

역사는 패권을 장악한 세력의 입장을 대변하여 쓰여지기 마련이다. 따라서 세계사의 주도권을 쥔 서양을 중심으로 역사가 기록된 것은 자연스러운 일이다. 이런 상황 속에서 동양은 역사의 변방으로 내몰린 채 비주체적인 존재가 되고 말았으며, 독립적인 존재가 아니라 발견의 대상으로 전락한 순간 동양의 역사와 문화는 신기한 풍습에 머물게 되었다.

'발견'이라는 말에는 이처럼 우리가 생각하는 것 이상의 많은 의미가 담겨 있다. 어떤 대상을 발견한 존재는 능동적이고 주체적인 위치에 서게 되고, 발견의 대상이 된 존재는 타자요 비주류가 되고 만다. 심지어 그것은 주종 관계를 실제화하기도 한다. 이런 흐름 속에서 서양에 의해 '발견된' 동양은 착취와 정복의 대상이 되어버렸다.

역사적으로 서양은 아시아를 비롯한 전 세계에 식민지를 만들거나 새로운 국가를 건설해왔다. 아시아만 하더라도 인도, 파키스

탄, 네팔, 부탄, 미얀마, 말레이시아, 브루나이, 스리랑카 등이 영국의 식민 지배를 받았고, 인도네시아는 네덜란드의 식민지였다. 라오스, 베트남, 캄보디아는 프랑스, 필리핀은 미국, 인도 고아 지역과 마카오는 포르투갈의 식민 지배를 받았다. 중국, 페르시아, 튀르키예 역시 식민지와 다를 바 없는 상태였다. 아시아권에서 서양의 식민지가 아닌 나라는 일본과 태국 정도였으며 우리나라는 일본의 식민 지배를 받았다.

전 세계에서 "1914년까지 식민지가 된 지역은 육지 총면적의 56%나 되는 7,490만㎢였고, 인구는 세계 총인구의 34.3%에 해당하는 5억 6,870만 명"[33]이었다. 더욱 놀라운 것은 중국, 페르시아, 튀르키예 등 반식민지半植民地 상태였던 국가를 "포함하면 총육지 면적의 66.8%, 인구의 56.1%가 식민지"[34]였다는 사실이다. 식민 지배를 받은 국가와 민족이 이렇게 많다는 것은 동·서양의 역학관계뿐만 아니라 서양이 동양을 어떻게 취급했는지도 알 수 있게 해준다. 아시아뿐 아니라 아메리카 대륙과 오세아니아, 아프리카 대륙도 서양에 의해 점령당하거나 식민 지배를 받아야 했다. 특히 북아메리카와 오세아니아 원주민은 백인들에게 자신들의 영토를 완전히 빼앗겼다.

이런 가운데 유럽인이 들어온 후 100여 년간 전염병과 학살, 노예화 등으로 인해 아메리카 원주민 인구가 급격히 줄었다. 유럽인이 땅을 장악한 이후 아메리카 원주민들은 문화를 잃어버리고 정체성을 상실했으며 경제적 빈곤 상태에 빠짐으로써 완전한 비주류로 전락했다. 보호구역으로 강제 이주를 당한 미국의 아메리카 원주민들은 오늘날까지도 사회적, 경제적 불평등 속에 놓인 채 교육과 취업 등에 어려움을 겪고 있다.

서양인들은 아메리카와 오세아니아를 신대륙으로 지칭했다. 이 말에는 아메리카 원주민과 그들의 문화를 배제한 유럽 중심적 사고가 노골적으로 드러나 있다. 물론 아시아나 아프리카 대륙과 달리 아메리카 대륙이 유럽인들에게 전혀 알려진 바가 없기도 했겠지만, 이는 유럽 중심 사고가 아니라면 결코 나올 수 없는 표현이다. 그들은 자신들을 서양으로 상정하고 그것과 대비된 표현인 동양을 사용한 것처럼, 아메리카 대륙을 기존 대륙인 유럽의 대척점에 놓고 신대륙이라는 명칭을 부여했다.

아시아나 아프리카, 중동이나 아메리카, 오세아니아의 역사를 각각 떠올려보자. 아주 오래전부터 그곳에는 수많은 나라가 각자 고유한 세계를 영위하며 존재해왔다. 물론 크고 작은 분쟁이 없었던 것은 아니다. 그러나 국가와 민족이 각각의 지역에서 패권을 차지하기 위해 경쟁 혹은 대립한 것과, 서양이 동양을 타자화하여 배척한 것은 다르다고 봐야 한다. 서양이 동양을 대하는 방식에는 기본적으로 강대국과 약소국 간의 갈등이나 정복, 주종 관계를 넘어서는, 존재 자체에 대한 부정과 몰이해가 전제되어 있었기 때문이다.

오리엔탈리즘은 동양과 서양이 조우하는 순간 이미 예견된 것이었다. 유럽은 자신들이 세계의 중심이라는 생각으로 동양 진출이나 신대륙과 같은 미지의 세계 탐험에 나섰다. 그들에게 신대륙은 역사 속에 편입되지 않은 시간과 공간이었다. 그들은 신대륙의 기존 역사는 자연사의 일부이며, 신대륙의 시간과 공간에 유럽의 역사가 개입할 때 비로소 무無와 공空의 세계가 의미를 갖게 될 것이라고 생각했다.

유럽인들의 이런 오만한 태도는 자연을 대하는 근대 인류의 모습과도 맞닿아 있다. 인류가 근대 세계로 진입하며 자연을 버린 이유도 신대륙을 발견했을 때와 같은 절대적인 우월감 때문이었다. 서양인들은 오직 자신들만 문명화된 존재이며 이성적 사고를 하는 유일한 주체라고 여겼다. 오늘날 동양에 대한 서양인의 관점은 바로 거기에서 출발한다.

그런 면에서 팬데믹으로 비롯된 동양 혐오는 어쩌면 전혀 이상한 것이 아니다. 서양이 자신들과 같지 않은, 주체가 아닌 세계를 비하하고 혐오하는 것은 간단한 일이기도 하다. 그들에게 동양은 애초부터 '타자'였기 때문에 혐오 프레임을 씌우는 것 또한 자연스럽다. COVID-19의 발생지로 지목된 중국을 비롯하여 아시안 전체를 타자화하며 자신들과 다른 존재임을 확인하고 싶은 그들의 욕망이 오늘날 너무나 분명하게 드러난다.

이렇듯 오리엔탈리즘은 틈만 보이면 언제 어느 곳에서나 모습을 드러내려 하고, 이런 상황 속에서 팬데믹은 오리엔탈리즘을 강화하는 좋은 먹잇감이 된다.

# 동양과 서양은 왜

## 서로 다른 시공간을

## 사는가

우리는 동양의 이미지를 어떻게 그리고 있는가? 동적이기보다는 정적이고, 적극적이기보다는 침착하고 차분한 모습이라고 생각하는가? 아니면 순응적이거나 심오한 정신수련을 하는 존재를 떠올리는가? 생각하는 이미지는 제각각이겠지만 분명 어떠한 고정관념은 존재한다. 동양에 대한 고정관념과 편견을 가지고 있는 것은 서양만이 아니다. 동양인 스스로도 고정된 프레임을 가지고 동양을 바라본다.

위에서 언급한 동양의 이미지는 어떤 느낌으로 다가오는가? 일부 부정적인 뉘앙스가 담긴 항목이 있기는 하지만 최소한 부정적인 면을 의도적으로 부각시켰다고는 보이지 않는다. 정말 그럴까?

무언가 조금 이상한 느낌이 든다. 동양인은 과연 정적이고 침착하며 어떤 일에 맞닥뜨렸을 때 순응하는 존재일까? 초월적 정신세계가 진정 동양을 대표하는 모습일까? 과연 이러한 이미지들을 긍정적이라고 볼 수 있을까?

결론부터 이야기하자면 답은 '아니다'이다. 부정적으로 보이지는 않지만, 정적이고 차분한 성향이라는 표현에는 동양인을 수동적 유형으로 파악한 서양의 관점이 녹아 있다. 순응하는 인간상이라는 시각에도 동양인의 능동적이고 주체적인 면은 반영되어 있지 않다. 동양을 이야기할 때 빠지지 않는 동양적 사상이나 정신 또한 대부분 비문명과 비이성적 존재로서의 이미지로부터 비롯된 것이다. 문제는 서양인들만 이런 이미지의 영향을 받는 것이 아니라는 사실이다. 서양이 세계의 주류 질서가 된 근대 이후, 이러한 이미지는 서양인뿐 아니라 동양인에게도 고정관념을 심어주었다.

오늘날 우리가 생각하는 동양의 모습은 서양의 오리엔탈리즘과 크게 다르지 않다. 서양 중심으로 펼쳐진 세계사의 한가운데서 서양인의 관점에서 재조직된 동양을 무감각하게 받아들인 탓이다. 그러다 보니 우리가 생각하는 우리 자신의 모습이 실제 모습과 차이가 나는 경우도 많다. 문제는 이렇게 재조직된 동양의 이미지가 진짜 동양으로 둔갑한다는 데 있다. 동양의 실제 모습이 아닌 서양에 의해 만들어진 이미지를 우리의 진짜 모습인 양 착각하게 되는 것이다. 그것은 가스라이팅 과정과 흡사하게 우리의 의식을 장악하고, 시간이 지나면서 더욱 공고해져 실제 의식과 사고에 영향을 미친다.

어떤 면에서 동양은 서양이 만든 세계와 동일시되는 경험을 하며 안심한다. 서양의 관점으로 만들어진 동양을 수용한다는 것은 서양의 오리엔탈리즘에 부합하는 인식을 갖는다는 것이다. 이것은 단순한 동일시의 경험에 그치지 않고 그것으로부터 벗어났을 때 무언가 잘못되었다는 생각까지 하게 만든다. 동양인들은 서양의 문화와 생활을 수용함으로써 서양의 삶을 자연스러운 것으로 받아들인다. 그런 가운데 기존의 문화와 양식은 왠지 촌스럽고 낡은, 시대에 뒤떨어진 것이라고 생각하게 된다. 동양인의 시공간이 서양의 그것에 맞춰진 까닭이다.

같은 시대에 삶을 영위한다고 해서 모두의 시공간이 동일한 층위에 놓이는 것은 아니며 그럴 필요도 없다. 저마다 살아온 환경과 문화가 다르고, 각각의 시간 또한 다른 속도로 흐르기 때문이다. 따라서 모든 세계를 똑같은 잣대로 판단하는 것은 폭력에 가까운 일이다. 이 말은 동양의 시공간이 서양에 비해 늦거나 뒤떨어졌다는 이야기가 아니다. 반대로 서양의 시공간이 더 빠르거나 앞섰다는 말도 아니다. 윤리적으로 심각한 문제를 야기하는 경우가 아니라면 서로의 시공간은 존중받아야 마땅하다. 다른 층위의 시공간에 놓였다고 우열이 나뉠 수는 없다. 그럼에도 오늘날 동양의 시공간은 과거의 것, 혹은 열등한 것으로 취급되는 일이 빈번하다.

에드워드 사이드는 서양에 의해 규정된 동양을 오리엔탈리즘으로 파악하며, 이것이 "동양·오리엔탈리스트·서양의 오리엔탈리즘 소비자라는 세 가지 방향"[35]에 영향력을 행사한다고 말한다. 그러면서 그는 이 힘을 과소평가해서는 안 된다는 점을 분명히 한다. 그 이유는 동양을 타자화하는 시선과 연관이 있다. 서양은 동양을 외부에 있는 세계라고 파악하고 있으며 동양인 역시 그렇게 바라본다. 이때 동양은 "유럽 사회라는 '우리'의 경계선 밖에 놓여 있으므로 교정되고 처벌되어야"[36] 하는 세계가 되며, 동양에 대한 부정적 의미의 오리엔탈리즘은 이런 상황 속에서 더욱 견고해진다. 이것이 오늘날 오리엔탈리즘이 동양을 다루는 방식이다. 시공간이 이렇게 다루어짐으로써 동양은 손쉽게 미개하고 열등한 존재로 분류된다.

서양이 COVID-19를 비롯한 팬데믹 상황에서 동양을 수용하는 방법도 이와 다르지 않다. 이들은 감염병의 원인을 파악하거나 문제를 해결하는 데 집중하지 않고 다른 곳으로 책임을 전가한다. 그리고 이런 책임 전가와 비난은 특정 집단에 대한 인종적, 민족적 혐오의 양상으로 전개된다.

이들은 팬데믹을 구실 삼아 동양의 생활, 문화, 주거, 음식, 복장, 예술 등 모든 분야에 후진적이라는 프레임을 씌운다. 오리엔탈리즘은 동양을 과거의 부정적 시공간에 가두고, 동양과 서양이 함께 맞닥뜨리게 될 미래 역시 같은 층위에 두지 않는다. 그들의 입장에서 동양의 미래는 비전 없는 시공간일 뿐이다.

그런 점에서 오리엔탈리즘은 과거의 이미지를 끊임없이 재생산하여 과거를 현재화하고 그것을 다시 미래로 연결 짓는 것이라고 정의할 수 있다. 따라서 오리엔탈리즘은 과거로부터 비롯된 현재임과 동시에 미래이다. 오리엔탈리즘과 연결된 과거는 단순한 시간의 의미를 넘어 혐오와 비하, 열등한 존재, 비이성과 야만, 문명과의 괴리 등을 내장하고 있다.

그렇다면 과연 동양은 과거에 갇힌 존재인가? 서양과 다른 시공간에 놓여 있는가? 당연한 말이지만 동양은 과거에 갇힌 존재가 아니며, 서로 다른 시공간은 문명과 야만을 나누는 기준이 될 수 없다.

앞에서 말한 것처럼 세계사는 대체로 서양 세계를 중심으로 기술되었다. 서양사를 제외한 인류의 역사는 그저 변방의 이야기일 뿐이었다. 동양사는 종종 진부하고 낡고 미숙하고 비이성적인 것으로 치부되었으며, 동양의 시간을 관통하며 이루어진 경험칙은 열등하게 다루어졌다. 그러나 동양과 서양의 경험칙은 단순하게 비교하여 판단할 수 있는 것이 아니다. 경험칙을 형성하기까지의 시간도 절대적인 잣대로 판단하면 안 된다. 그럼에도 그동안 서양은 서로 다른 토대 위에 이루어진 동서양의 시공간을 자신들의 입장에서 판단해왔다. 역사가 승자의 시각으로 기록되고 오늘날 우리가 살고 있는 세계가 서양을 중심으로 이루어진 것을 생각할 때 그것은 그리 놀라운 일도 아니다.

COVID-19의 시공간을 생각한다. 그리고 오리엔탈리즘의 시선으로 바라본 동양의 거리와 사람들을 떠올린다. 대체로 그것은 가난하고 낙후된 과거의 모습이다. 서양은 동양의 시간에 과거라는 옷을 입히고 낭만이라는 의미를 부여한다. 그것은 가난한 동네의 모습을 뉴트로라는 이름으로 소비하는 모습과 닮았다는 점에서, 그리고 상대를 타자화한다는 점에서 '빈곤 포르노'와 흡사하다. 동양의 시공간은 서양인의 삶에 개입하지 않을 때 향유의 대상이 될 뿐이다. 서양의 시선으로 바라본 동양은 그런 모습이다. 서로 다른 층위의 시공간을 향유의 대상으로 소비하며 낭만을 떠올리는 것은 독선적인 오만에 지나지 않는다.

# 격변의 세계사 속

## 오리엔탈리즘과

## 옥시덴탈리즘

격변의 세계사 속에서 상당수의 동양권 국가는 서양의 식민 상태에 놓였으며, 유럽인들은 아메리카 대륙과 오세아니아 대륙을 장악했다. 그들은 늘 세계사의 주인공이고 승리자였다. 심지어 서양과 맞닥뜨리기 이전의 동양 역사는 서양의 역사에 가려진 채 아예 빛을 발하지 못했다. 세계사가 서양을 중심으로 기록된 탓이다. 서양의 역사는 동양권 사람들에게도 익숙한 반면 동양의 역사는 대체로 미지의 영역으로 이해되곤 했다. 또한 서양의 역사가 주류 질서 안에 수렴될 때 동양의 역사는 변방으로 치부되기 일쑤였다. 이런 인식 속에서 서양은 승자의 포지션을 획득하며 세계사의 전면을 장식해왔다.

유럽은 대항해 시대 이래로 꾸준하게 유럽 밖 세계에 관심을 기울였다. 그들은 서쪽의 반대편에 있는 동양을 탐험하기를 갈망했다. 미지의 세계인 동양은 그들에게 새로운 가능성이 넘치는 곳이었다. 그들의 관심은 단순한 호기심을 넘어 경제적, 정치적 실익을 위한 것이었으며 식민 지배를 위한 포석이었다.

포르투갈은 아프리카 희망봉을 돌아 인도양의 여러 지역을 점령하며 유럽 최초로 인도에 상륙한다. 그들은 이슬람 상인을 거치지 않고 직접 동양의 향신료를 가져오고 싶어 했다. 그러나 당시 인도는 유럽을 압도하는 뛰어난 기술과 문화를 가지고 있었기 때문에 포르투갈에서 가져온 물건을 거들떠보지 않았다. 하지만 포르투갈인들에게는 동양인에게 없는 것이 하나 있었다. 바로 총이었다. 총을 이용하여 유럽인들은 이내 침탈과 식민 지배에 나섰다.

당시 유럽의 번영은 동양에 대한 학살과 약탈의 다른 말이기도 했다. 대항해시대부터 시작된 유럽의 동양 침탈은 20세기 중반까지 이어졌고, 오랜 세월 동양은 착취와 약탈과 지배의 대상이 되어야 했다. 서양을 적대적으로 생각하는 이들이 "서양을 비非인간적이라고 묘사하는 것"[37]은 그런 이유에서인데, 이러한 인식이 반영된 것이 옥시덴탈리즘Occidentalism이다.

옥시덴탈리즘은 '서양', '서유럽의 여러 나라'를 지칭하는 '옥시덴트Occident'와 이념을 뜻하는 '이즘'ism이 결합한 단어로, 동양의 관점에서 바라본 서양Occident에 대한 왜곡된 이미지와 편견을 의

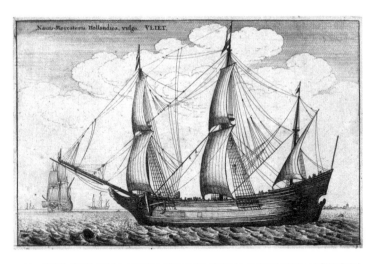

● 16~17세기 세계의 대양을 주름잡던 네덜란드의 플류트선. 경제적이면서도 효율적이어서
  네덜란드에 해상 무역의 전성기를 가져다주었다.

미한다. 옥시덴탈리즘은 오리엔탈리즘과 대비되는 용어로, 에드워
드 사이드가 오리엔탈리즘의 개념을 정리한 이후에 논의되기 시
작했다. 이 또한 오리엔탈리즘과 마찬가지로 정치적 개념보다 문
화적, 사회적 개념에 더 가까우며, '서양 숭배'와 같은 긍정적인 의
미로 사용될 때도 있지만 대부분은 부정적인 의미로 쓰인다. 옥시
덴탈리즘은 서양의 동양 침탈과 지배 이후에 서양에 대한 저항의
개념으로 확대되었다. 대표적인 것이 반미·반서방 운동, 이슬람주
의 등이며 동양권 국가들의 민족주의도 포함한다.

　서양에 대한 동양의 반감은 역사가 깊다. 심지어 '9.11테러'가 발

● 인도양의 무역항 중 큰 번영을 누린 항구도시 인도 캘리컷

생한 이후 "세계 곳곳에서 때로는 건방져 보이는 이 강대국이 당한 불행에 대해 고소하다는 감정 이상의 반응"[38]을 보이기도 했다. 물론 이런 반응은 옳지 않다. 다만 이것이 강대국 미국에 대한 단순한 불만이 아니라는 사실은 고민할 필요가 있다. 미국에 대한 반감은 정치적, 사회적, 역사적으로 "훨씬 더 뿌리 깊은 것"[39]이었으며, "해묵은 증오심과 불안한 메아리가 시기마다 모습만 달리했을 뿐 언제나 존재"[40]해왔다. 과거 서양이 침략자로서 동양을 지배하며 군림했던 것을 생각한다면 어쩌면 당연한 결과였다.

중국을 비롯한 동양이 바다 너머에 관심을 갖지 않는 사이, 유럽인들은 바다를 통해 유럽 밖 세계를 식민화했다. 19세기에는 아시아의 맹주였던 중국마저 영국과의 아편전쟁에서 패한 뒤 남경조약을 맺고 사실상 반‡식민 상태가 되었다. 패권을 잡은 서양은 20세기 이후에도 식민 지배를 이어갔다. 이후 대부분의 나라가 독립했으나 미국을 중심으로 한 패권주의는 지금도 여전히 계속되고 있다. 그리고 세계사를 주도하는 서양의 패권주의 속에 옥시덴탈리즘 또한 지속되고 있다.

이언 바루마와 아비샤이 마갤릿은 『옥시덴탈리즘』에서 동양이 서양에 적대적인 이유를 밝히고 있다. 그들은 뿌리 뽑힌 현대 도시의 삶은 거만하고 탐욕스러운 욕망으로 가득하기 때문에, 그리고 서양이 과학과 이성을 대변하기 때문에 적대적이라고 말한다. 이는 곧 부유하는 현대인의 삶과 물질적 소비와 욕망으로 가득한 현대성에 대한 지적이다. 이들은 또 현대의 부르주아가 타자를 위해 희생하는 영웅과 달리 타성에 젖어 있다는 점에서 적대적이라고 말한다.[41]

오리엔탈리즘이나 옥시덴탈리즘은 둘 다 혐오를 전제한다는 점에서 부정적 측면이 있다.✝ 하지만 둘 사이에는 큰 차이가 있다. 인간 자체에 대한 판단과 혐오가 포함되어 있느냐 아니냐가 그것이다. 옥시덴탈리즘이 서양인 자체보다는 '뿌리 없는 도시', '천박한 세계주의', '서구 정신' 등에 대한 혐오를 다룬다면 오리엔탈리즘은 동양 세계는 물론이고 동양인 자체에 대한 혐오를 드러낸다. 실재하는 피해 사례도 광범위하다. 이런 점에서 오리엔탈리즘을 옥시덴탈리즘보다 더 부정적으로 보는 견해가 있고 거기에 일견 수긍이 간다. 하지만 그것을 전적으로 옳은 판단이라고 볼 수는 없다. 그럼에도 불구하고 실제 역사에서 오리엔탈리즘이 더욱 치밀하게 조직되고 지속되었음은 부인할 수 없다.

지젝은 『팬데믹 패닉』에서 서양이 '진짜 적이 없는 삶을 사는 데 익숙해져 있다'는 한병철의 주장을 언급한다. 한병철에 의하면 진짜 적이 없는 서양은 개방적이고 관용적이기 때문에 위협에 대한 면역의 메커니즘이 결핍되어 있고, 그런 만큼 진짜 위협이 닥쳤을 때 공황 상태에 빠진다는 것이다. 이와 같은 한병철의 주장에 대해 지

---

✦   이언 바루마와 아비샤이 마갤릿은 옥시덴탈리즘과 오리엔탈리즘 모두 타자에 대한 혐오를 드러낸다고 말한다. 다만 옥시덴탈리즘이 서양, 서양인의 '태도'와 '문화'에 대한 혐오인 반면, 오리엔탈리즘은 동양, 동양인 자체를 혐오한 것이라는 점에서 결을 달리한다. 이언 바루마와 아비샤이 마갤릿은 옥시덴탈리즘의 문제점에 대해 다음과 같이 밝힌다.
    "옥시덴탈리즘에 나타난 서양에 대한 인식은 그것의 다른 쪽인 오리엔탈리즘의 가장 나쁜 측면과 같다. 오리엔탈리즘은 인간적인 목표를 설정하지만, 그 안에 인간은 없다. 오리엔탈리즘의 몇 가지 편견에 따르면, 비서구인들은 완전히 성장한 성인이 아니다. 즉 이들은 어린아이와 같은 마음을 갖고 있으며, 따라서 열등한 종족으로 취급받을 수 있다. 옥시덴탈리즘도 최소한 그에 못지않게 환원주의적인데, 곧 오리엔탈리즘의 견해를 거꾸로 뒤집어놓았을 뿐일 정도로 편협하다. 다시 말해 전체 사회 혹은 한 문명을 지각 없고 퇴폐적이며 돈만 밝히고 근본도 신앙도 없으며 맹혹한 기생충의 집합체인 양 폄훼하듯 묘사하는 것은 일종의 지성 파괴라고 할 수 있다. 다시 한 번 말하지만 만약 이것이 단지 혐오 혹은 편견의 문제라면 그리 큰 문제가 되지 않는다. 편견이란 인간 조건의 일부이기 때문이다. 그러나 타자를 열등하게 생각하는 사상이 혁명적인 힘을 얻게 한다면 그것은 인류의 파멸로 이어진다."—이언 바루마 · 아비샤이 마갤릿, 송충기 옮김, 『옥시덴탈리즘』, 민음사, 2007, 22쪽.

젝은 '서양이 정말로 포용적인가?' 하는 질문을 던진다. 지젝은 생태 파괴의 위험과 무슬림 난민에 대한 공포, LGBT와 새로운 젠더 이론에 대한 기존 세력의 발작적 방어, 정치적 검열 같은 일들이 일상적으로 벌어지는 상황 속에서 서양의 포용력이 사라졌음을 지적한다.[42]

그렇다면 실상은 어떤가? 서양은 실제로 개방적이고 유연하며 관용적인가? 표면적으로는 그렇게 보일지 모르지만 실상은 다르다. 서양이 자신들의 이익을 위해 끊임없이 동양을 약탈하고 억압해 왔기 때문이다. 그들의 '진짜 적이 없는 삶'이 군사적 우위를 앞세운 힘의 논리 때문에 가능했다는 점에서 개방적이라거나 관용적이라는 평가와 연결 짓기는 더욱 어렵다. 어쩌면 반대로 폐쇄적인 면모를 더 많이 가지고 있었는지도 모른다. 그들이 자신만을 세상의 중심으로 생각하며 서양 밖의 세계를 배척의 대상으로 삼았기 때문이다.

어떤 면에서 옥시덴탈리즘은 혐오라기보다는 서양에 대한 공포이다. 이것이 타자에 대한 혐오가 주를 이루는 오리엔탈리즘과 결을 달리하는 지점이다. 서양의 근대 문물을 받아들이는 과정에서 발생했던 문제는 일본을 비롯한 아시아의 사례*를 통해 살펴볼 수 있다. 근대 이후의 서양은 "아시아인들에게는 식민주의를 의미"[43] 한다. 실제로 아시아 대부분의 국가가 서양의 식민 지배를 받았을 뿐 아니라 식민 지배로부터 해방된 이후에도 여전히 서양의 영향력 아래 놓일 수밖에 없었다.

일본은 서양을 극복하기 위해 서양의 사상과 기술을 적극적으로 수용하는 방법을 취했는데, 결과적으로 그것은 현명한 선택이었음이 드러났다. 일본을 제외한 대부분의 아시아 국가가 서양의 식민지가 되었기 때문이다. 이 사례는 당시 서양이 가지고 있던 과학 기술에 대항할 유일한 무기는 다름 아닌 서양의 기술이었다는 것을 의미한다. 그러나 일본 역시 힘을 키운 이후 상상을 초월하는 제국주의적 침략을 실행한다.

서양은 자신들에게 대적할 수 없는 국가를 가차 없이 식민 지배하는 만행을 저질렀다. 결과적으로 서양과 맞설 힘을 키우지 않거나 이 일을 심각하게 생각하지 않았던 대부분의 국가가 서양의 식민지로 전락하고 말았다. 그만큼 서양의 과학은 기술적인 측면과 힘에서 압도적이었다. 하지만 스스로를 유일한 인류라고 생각했던

✦  19세기 중반 청나라가 아편 전쟁에서 패배한 이후, 일본 지식인들은 자민족이 살아남을 수 있는 길은 서양 식민 제국들의 우수한 사상과 기술을 주도면밀하게 연구하여 그에 대항하는 것뿐이라고 생각했다. 1850년대와 1910년대 사이에 일본만큼 급진적인 변화를 경험한 거대한 나라는 없었다. 메이지 유신(1868~1912) 때 주된 슬로건은 문명 개화(文明開化), 곧 서양 문명과 계몽주의였다. 일본 지식인들은 자연 과학에서부터 문학적 리얼리즘까지 서양의 모든 것을 가리지 않고 받아들였다. 유럽의 의복, 프로이센의 헌법, 영국의 해군 전술, 독일의 철학, 미국의 영화, 프랑스의 건축, 그리고 그 밖에 많은 것을 개량하여 수용했다.
이 변혁은 훌륭한 결실을 맺었다. 일본은 식민지 속국이 되지 않았고 1905년부터 하나에서부터 열까지 근대적인 전쟁이었던 러일 전쟁에 승리함으로써 강대국의 반열에 오를 수 있었다. ─슬라보예 지젝, 강우성 옮김, 『팬데믹 패닉』, 북하우스, 2020, 14쪽.

서양의 오만함은 동양의 커다란 반발을 샀다.✦ 그들의 제국주의적 침략은 이처럼 포용적인 것도 개방적인 것도 아니었다.

　서양 중심적인 세계 인식은 팬데믹 상황에서도 다르지 않다. 그런데 팬데믹에 의한 오리엔탈리즘이 동양과 동양인에 대한 멸시와 혐오를 내세우는 것에 비해, 팬데믹이 옥시덴탈리즘으로 나타나는 일은 매우 드물다. COVID-19 이전 사스 등이 발발했을 때도 오리엔탈리즘은 여지없이 고개를 처들었다. 팬데믹이 아닌 일반 감염병이 발생했을 때도 마찬가지였다. 서양에서 발생한 감염병에 해당 국가나 지역의 이름이 붙은 적은 있지만 그것이 광범위한 옥시덴탈리즘으로 확대된 경우는 드물었다. 더구나 서양은 감염병의 원인을 외부로 돌림으로써 오리엔탈리즘을 새로이 만들어내기도 했다. 매독이 그렇다. 유럽인들은 신대륙 발견 이후 매독이 퍼졌을 때 그 원인으로 아메리카 원주민을 지목했는데, 이것은 사실과 다르다.

---

✦　서양의 이러한 성향은 동양의 반감과 혐오 감정을 불러왔다. 20세기 맹주로 등장한 미국에 대한 감정 역시 그러하다. 이들 서양은 우월한 태도와 함께 동양을 멸시했으며 이는 급진적이고 극단적인 반발로 이어져 테러의 양상을 띠기도 한다. 이러한 상황에 대해 이언 바루마와 아비샤이 마갤릿은 다음과 같이 언급한다.
　"여전히 사람들은 서양 세계, 가령 미국과 관련된 모든 것을 극도로 혐오한다. (중략) 이러한 혐오감 때문에 급진적인 이슬람인은 미국을 악마로 형상화한 정치화된 이슬람 이데올로기에 빠지게 된다. 중국의 극단적인 민족주의자들도 이에 동조하고, 다른 비非서양 세계에서도 사정은 마찬가지다. 또한 이러한 혐오증은 서양 내의 급진적인 반反자본주의자의 사상에서도 등장한다. 그것을 우익 혹은 좌익으로 부르는 것은 잘못일 것이다."—이언 바루마·아비샤이 마갤릿, 송충기 옮김, 『옥시덴탈리즘』, 민음사, 2007, 15쪽.

분명한 것은 팬데믹 상황에 이르렀든 아니든 감염병이 오리엔탈리즘을 강화하는 역할을 한다는 사실이다. 질병이 전 세계적인 유행으로 이어질 때 혐오의 강도는 더욱 세진다. 혐오는 대개 강자로부터 약자로, 선진국으로부터 후진국으로, 부자로부터 가난한 이에게로 나타난다. 옥시덴탈리즘보다 오리엔탈리즘이 더 큰 문제로 다가오는 것은 바로 그 때문이다.

# 3

## 동양의 미와 오리엔탈리즘

# 동양의 미에 대한

———

## 이해 혹은 편견

———

동양에 대한 서양의 호기심은 '우월적 존재'라는 그들의 인식에서 비롯된다. 놀랍게도 서양인들은 자신들을 "종의 진화에서 최고의 단계로, 서양 사회를 문명의 진화에서 최종 단계"[44]로 여긴다. 그리고 이들의 우월 의식은 오리엔탈리즘과 결합하여 동양에 대한 편견을 더 공고히 한다. 동양에 대한 그들의 혐오와 편견은 동양적 미를 포함한 동양 문화 전반에까지 그 범위를 넓힌다. 팬데믹 시대의 오리엔탈리즘은 실재하는 감염병에 대한 공포를 통해 동양에 대한 혐오를 무차별적으로 드러냈고, 이전부터 존재해온 동양 차별은 더욱 공공연하게 실행되기에 이르렀다.

동양은 그동안 아름다움이나 정신적 세계 등과 같은 것으로 대표되었다. 때로는 동양적 세계관이 서양 이성중심주의의 폐해를 극복할 수 있는 것으로 이해하기도 했다. 물론 이러한 긍정적 관점에도 동양을 타자화한 서양의 입장이 녹아 있다는 것을 부인할 수는 없다.

사실 동양에 대한 긍정적 관점은 서양이 다소 특별한 세계에 대해 갖는 관심이기도 하다. 그런데 팬데믹 시대에 이르러 이러한 관심조차 빛을 잃어버리게 되었다. 이때 오해하지 말아야 할 부분이 있다. 일부 동양권의 대중음악이나 영화 등에 쏟아지는 관심을 동양권 전반에 대한 호감으로 이해해서는 안 된다는 점이다. BTS의 음악이나 영화 〈기생충〉, 〈미나리〉, 드라마 〈오징어게임〉 등에 쏟아진 관심을 동양에 대한 선망으로 곧바로 치환해서는 안 된다. 개별 작품에 대한 서양인의 관심과 동양 세계 전반에 대한 인식은 별개이다.

사실 동양권 작품에 대한 서양의 관심이 순수한 작품성에 근거한 것일 수도 있지만 그렇지 않은 사례도 많다. 봉준호 감독이 말한 서양의 '로컬주의'가 베푼 호의인 경우도 없지 않을 것이다. 그들이 동양권의 괜찮은 작품에 주목하는 이유는 여러 가지다. 지역 안배를 고려한 결과일 수도, 순수하게 작품성에 주목한 것일 수도 있다. 이유가 어떻든 동양권 작품을 판단하고 평가하는 서양의 입장이 상대적으로 우월한 지점에 있다는 것만은 분명하다. 동등한 지점에서 작품을 평가하는 것이 아니라 동양이라는 특수한 상황을 염두에 두거나, 우위에서 작품을 파악한다는 것이다. 결국 개별 작품을 대할 때도 서양이라는 주체가 동양이라는 타자를 평가하는 방식이 작동한다.

이보다 더 큰 문제는 팬데믹이 동양 문화 전반에 혐오를 조성했다는 사실이다. 개별 작품에 대한 평가는 지엽적인 문제지만 동양 문화는 곧 동양 전체를 대표한다고도 말할 수 있다. 따라서 우리는 동양 문화 전반에 대한 인식이 어떻게 변화했는지를 좀 더 면밀히 살필 필요가 있다.

동양의 미에 대한 사람들의 인식은 단순히 아름다운 대상이나 예술 작품 등으로 제한되지 않는다. 여기서 미美의 개념은 우리의 삶을 드러내는 모든 것으로 그 범위가 확대된다. 우리의 삶을 이루는 모든 것은 '문화'를 형성하며 미美적 세계를 만들어낸다. 카페에서 커피를 마실 때, 식당에서 밥을 먹을 때, 휴일 오후 공원을 산책하고 거리를 걸을 때에도 문화는 존재한다. 우리를 둘러싼 건축물이나 도로, 그리고 눈에 보이지 않는 팬덤에 이르기까지 모든 것은 문화의 영역으로 불릴 수 있다.

따라서 동양 문화에 대한 부정적 인식은 생각보다 커다란 문제를 야기한다. COVID-19를 통해 확산된 부정적 인식은 그동안 숨어 있던 부정적 감정마저 바깥으로 끌어내며 폭력적 사태로 이어졌다. 결국 팬데믹 시대에 동양의 미는 많은 부침을 거듭할 수밖에 없었다.

동양적 미에도 마찬가지로 서양의 관점이 투사되어 있다. 과연 동양적 미란 무엇인가? 서양에 의해 재조직된 그것을 진짜 아름다움이라고 할 수 있는가? 서양에 의해 만들어진 동양적 미가 동양을 대표하는 오늘의 상황을 어떻게 설명할 수 있을까?

동양의 아름다움이 서양인들에게 호기심 차원에 불과했던 만큼 그것에 대한 본질적인 탐구는 애초부터 제한적일 수밖에 없었다. 동양은 서양에 비해 열등한 존재였기 때문에 애초에 동양적 미에 대한 서양인의 인식은 언제나 우월적 지위를 지닌 자의 시선 아래에서 이루어졌다. 동양적 미에 대한 평가는 타자화된 존재를 바라보는 '문명인'의 시혜 차원이라고도 볼 수 있었다. 그렇기 때문에 언제든지 혐오의 양상으로 전개될 수 있었던 것이다.

아름다움과 혐오는 서로 대척점에 있지만 동양과 관련해서는 하나의 개념이 된다. 그것은 마치 두 개의 성性을 한 몸에 가지고 있는 존재인 간성間性처럼 두 얼굴로 다가온다. COVID-19로 촉발된 동양에 대한 혐오는 동양 문화 전반에 부정적 인식을 양산했으며 그것을 통해 오리엔탈리즘은 더욱 확대되었다. 동양의 미는 팬데믹과 결합하여 긍정에서 부정의 세계로, 아니 부정에서 더 큰 부정의 세계로 나아가게 되었다.

동양의 미를 바라보는 인식에는 획기적인 전환점이 필요하다. 아울러 우리는 오리엔탈리즘을 면밀하게 파악하여 동양의 미가 지닌 의미를 제대로 분석할 필요가 있다. 팬데믹이 동양에 대한 부정적 인식을 확산시키고 동양의 미를 추의 지점으로 추락하게 했지만, 동양적 미의 실체는 알려진 것과 다르다. 오늘날 우리는 팬데믹 시대의 오리엔탈리즘에 대한 올바른 이해를 바탕으로 동양의 미를 재정립해야 한다.

# 동양의 미와 구분되는

## 타자로서의 동양

전 세계인이 생각하는 '동양의 미美'는 서양의 미적 인식의 토대 위에 존재한다. 서양이 바라보는 동양적 아름다움은 서양에서 보기 힘든 것에 대한 호기심의 성격이 다분하다. 그것은 우리가 이국적 대상에 대해 느끼는 아름다움과 다를 바 없다. '동양의 미'는 이성적, 적극적, 진취적인 것으로 갈무리되는 서양 세계의 대척점에서 특별한 개성을 지닌 것으로 이해되곤 한다. 그러나 이 또한 서양 중심적인 세계관 속에서 만들어진 허상일 뿐이다. 동양의 미에 대한 서구의 관점은 동양적 신비로움에 대한 인식이고, 동양의 신비로움을 바라보는 서양의 시선은 신기한 '그 무엇'을 향한 호기심과도 같다.

물론 동양에 대한 호기심이 서구 사회의 호의적 태도로부터 비롯된 측면도 있다. 하지만 이 또한 기저에는 동양을 타자화하여 바라보는 서양의 우월적 태도가 깔려 있음을 부인하기는 힘들다. 이러한 입장이다 보니 서양과 동양은 애초에 동등한 관계를 맺을 수가 없었다.

서양은 동양의 이미지를 편집하고 왜곡하여 자신들만의 동양을 만들어낸다. 문제는 이들이 단순히 동양적 아름다움을 재조직하는 데 그치지 않고 환영을 만들어낸다는 것이다. 서양에 의해 만들어진 동양의 미美나 문화에는 이처럼 서양의 입장이 투사되어 있는데, 그것은 실체적 진실과는 거리가 멀다.

서양은 동양을 자신과 동등한 세계로 여기지 않았으며, 서양인은 동양인을 똑같은 인격체를 가진 존재로 인정하지 않았다. 앞에서 자세하게 언급한 피어리의 사례도 그렇다. 피어리는 북극을 탐험할 때 이누이트족의 절대적인 도움을 받았지만 단 한 번도 그들을 같은 사람으로 대우하거나 존중하지 않았다. 이 같은 사례가 극단적인 것으로 보일 수도 있겠지만 실은 역사적으로 빈번하게 일어났던 일이었다.

이런 흐름 속에서 근대 이후 동양과 서양의 관계가 형성되었고, 그것은 때때로 지배와 피지배 등의 문제로 불거졌다. 그리고 이런 가운데 오리엔탈리즘은 더욱 공고해졌다. 사이드 역시 오리엔탈리즘을 가리켜 서양에 의해 만들어진 "사유 양식이자 지배 양식"[45]이라고 말한다.

이렇듯 동양은 서양에 의해 특정한 성격을 부여받으며, 서양의 필요에 의해 이용되어왔다. 경우에 따라서는 "동양에 관하여 무엇을 서술하거나, 동양에 관한 견해에 권위를 부여하거나, 동양을 묘사하거나, 강의하거나 또는 그곳에 식민지를 세우거나 통치하기 위한"[46] 수단으로 사용되기도 했다. 팬데믹 시대의 오리엔탈리즘은 이러한 성격을 강화하며 동양에 대한 혐오를 확대 재생산했고, 그러는 사이 동양적 신비로움과 아름다움은 혐오의 이미지로 변해 버렸다.

사이드는 근대 오리엔탈리즘이 실제 동양을 재현한 것도, 실제 동양의 미를 재현한 것도 아니라고 주장한다. 그저 "다양한 서양의 중개 요소들(언어, 관습, 전통, 이데올로기, 이해관계, 미적 취향 등)이 개입된 것"[47]일 뿐이다. 사이드는 "서양의 지식과 재현 시스템이 동양을 정치적이고 물질적인 감금의 긴 역사에 어떻게 개입시켰는지"[48] 밝히고자 했다.

동양은 서양이 주도하는 세계의 극히 일부를 차지할 뿐이며, 그마저도 서양 중심으로 재편된 구조 속에서 왜곡되어 버렸다. 마치 동물원 철창 속에 갇힌 동물 같은 존재가 되어버린 것이다. 동물원의 동물들은 사육되는 공간 속에서 야성의 일부를 잃어버리기 마련이다. 외모는 야생 상태와 다름없지만 본성은 예전과 같지 않다. 어쩌면 동물원이라는 시스템 속에서 자신의 모습을 새롭게 편집하는 것인지도 모른다. 그럼으로써 야성에서와 유사한 듯 다른,

길들여진 자아를 형성하게 된다.

오리엔탈리즘 안의 동양도 마찬가지다. 여전히 서양과는 다른 모습을 하고 있지만, 더 이상 예전의 동양은 아니다. 동양은 오리엔탈리즘이라는, 서양이 만들어낸 환상 속에서 본래의 모습을 잃어버린 타자로 남게 된다.

그렇다고 해서 동양의 모습이 언제나 부정적인 면만 부각되는 것은 아니다. 서양의 관점에서 동양은 흔히 아름답고 신비로우며, 흥분과 설렘이 존재하는 곳으로 그려진다. 또한 서양 세계에서 경험할 수 없는 모험과 낭만, 이국적인 아름다움이 가득한 곳으로도 표현된다. 오리엔탈리즘이 동양의 미와 긴밀한 관계를 형성하는 것도 이러한 이미지의 영향이 크다. 오리엔탈리즘을 통해 바라본 동양의 이미지를 동양의 미로 이해하며 환상을 만들어내기 때문이다.

그렇다면 동양은 왜 서양의 판단 속에서 씌워진 오리엔탈리즘의 굴레를 벗어나지 못하고 있는가? 사이드에 의하면 "서양은 어디까지나 행위자actor이고 동양은 수동적인 반응자reactor이다. 서양은 동양의 모든 측면에 관하여 관찰자이고, 재판관이며, 배심원"[49]이다.

세계 역사가 서양을 중심으로 진행되는 동안 동양은 자신이 지닌 수동적인 반응자로의 이미지를 수용하기에 이르렀다. 물론 이러한 수용 양상을 적극적인 행동으로 내보인 것은 아니지만 서양이 부여한 이미지에 대해 스스로 침묵한 것만은 사실이다. 동양 내부에서도 오리엔탈리즘에 대한 반발과 비판이 있었지만 스스로 내면화한 이미지는 광범위하게 퍼졌다. 그리고 그것을 무너뜨리기란 이제 쉽지 않아 보인다.

# 동양을 바라보는

## 문화적 시선

서양은 자신들만이 세계의 중심이라는 "합리성을 정의하기 위해"[50] 동양의 이미지를 조작하고 그것을 비합리성으로 규정지었다. 이로써 서양과 동양은 서로 분리된 채 대비된 이미지와 의미를 갖게 되었다. 사이드가 파악한 동양은 "서양의 열등하고 이국적인 타자이자 거울"[51]이며, 이렇게 규정된 이미지는 "학문과 사고思考의 영역은 물론, 문학과 영화 등 다양한 형태로 재현"[52]되어 왔다.

그리고 이것은 근대 이후 세계적으로 엄청난 파급 효과를 갖고 대중에게 영향을 미쳤다. 또한 대중의 의식을 손쉽게 조작하여 팬데믹과 같은 상황이 발생했을 때 곧바로 혐오의 형태로 재현되었다. 물론 오늘날 일부 동양권 작품이 전 세계적으로 각광을 받고는 있지만, 그것과 동양에 대한 이미지의 왜곡은 다른 문제이다. 또한 일부 동양 문화와 예술 작품이 각광을 받는다고 그것이 서양 문화 전반을 주도한다고 볼 수도 없다.

최근 한류를 포함한 동양권 문화가 대단한 반향을 불러일으키고 있다. 다만 동양권 작품이든 서양권 작품이든 그것이 대체로 서양 문화 예술계의 질서 안에서 평가되며 소비되는 것은 분명하다. 동양이 작품 속에서 열등한 타자로 그려지는 사례도 여전히 많다.

오늘날 동양의 문화를 바라보는 시선이 과거와 달라진 것은 틀림없는 사실이다. 과거에 "동양이 자조의 형용사였다면 요새는 소위 주체, 자아회복의 대명사"[53]로 인식되기도 한다. 하지만 정말로 동양 문화가 주체로서 기능하고 자아회복에 기여하는지는 의문이다. 동양 문화가 동양이라는 세계를 온전히 드러내지 못하고 있기 때문이다. 어쩌면 진짜 동양은 없는지도 모른다.

"잃어버린 고향, 목마른 향수"[54] 같은 존재로 여겨진다는 점에서 오늘날의 동양은 허상과도 같다. 동양은 때로 서양이 느끼는 결핍을 채워주는 존재로 인식되기도 하고 현대인이 돌아가야 할 이상적 세계처럼 그려지기도 한다. 그곳에 진짜 삶이 있고 가장 높은 차원의 정신 세계가 있다고 믿기도 하지만, 그 또한 어디까지나 서양의 입장에서 만들어진 이미지일 뿐이다.

이러한 시선은 동양에 대한 선망이나 경외처럼 보이지만, 실상은 선망과 경외라기보다 호기심 차원에 가깝다. 물론 과거와 달라진 동양에 대한 인식에 악의적인 면은 찾아보기 어렵다. 오히려 긍정과 호감이 대다수를 차지한다. 하지만 관심과 호감이 동양을 바라보는 서양의 관점을 대표하지는 못한다.

서양의 관심에도 불구하고 여전히 동양은 이 세계의 주류가 아니다. 경제적, 사회적, 정치적, 문화적 입지가 과거 같지는 않지만 아직까지도 동양은 서양이라는 세계 안에서 평가의 대상일 뿐이다. 각 분야의 엄청난 성장과 성취, 그리고 입지의 변화에도 불구하고 동양은 여전히 '타자'의 위치에 머물러 있다. 물론 '타자'라고 해서 지배와 피지배의 관계처럼 절대적 억압이나 종속의 지위에 있는 것은 아니다. 하지만 안타깝게도 '타자'는 스스로에게 의미를 부여하지 못한다.

이렇게 서양에 의해 부여받은 '지위'는 예술 작품에도 고스란히 드러난다. 우리는 종종 서양의 여러 예술 장르에서 여전히 '타자'에 머물고 있는 동양을 만난다. 동양에 대한 이미지를 오리엔탈리즘의 방식으로 재현하고 있는 작품들도 역시나 많다. 서양에서 제작한 영화에 동양 배우가 출연한다 해도 그 역할이 극을 주도하는 일은 드물고, 여전히 작품 곳곳에서는 동양인과 동양의 이미지가 왜곡되거나 폄하된 채 소비된다. 아이들이 즐겨 보는 애니메이션도 예외는 아니다. 어린 시절에 각인된 이미지가 무의식에 남아 유무형의 영향을 끼칠 가능성이 크다는 점에서 이러한 현상은 다소 위험하다.

동양의 이미지를 '문명으로서의 서양'과 반대로 그리고 있는 애니메이션으로는 디즈니의 작품을 꼽을 수 있다.

디즈니는 〈알라딘〉(1992), 〈포카혼타스〉(1995), 〈뮬란〉(1998) 등 다양한 작품에서 동양의 많은 국가와 민족을 향한 오리엔탈리즘을 드러냈다. 〈알라딘〉은 아랍을 오리엔탈리즘의 시선으로 그리고 있고, 〈포카혼타스〉는 아메리카 원주민을 서양인의 반대 지점에 놓고 정복의 대상으로 파악한다. 전형적인 서양 중심적 세계관으로 이루어진 작품이다. 〈뮬란〉은 중국인에 대한 편견을 기반으로 오리엔탈리즘을 드러낸다. 디즈니는 수많은 작품에서 왜곡된 동양의 이미지를 흥미 위주로 다룸으로써 동양을 상업적 소비의 대상으로 이용한다.

〈알라딘〉의 원작은 『천일야화』에 수록된 「알라딘과 마법의 램프」로 알려져 있다. 아랍 문학작품인 『천일야화』는 아랍 이외에 인도, 이집트, 중국 등 동양권 전반을 배경으로 하는데, 그중 「알라딘과 마법의 램프」 편의 배경은 중국이다. 그런데 디즈니의 〈알라딘〉은 중국이 아닌 아랍을 배경으로 삼고 있다.

디즈니는 〈알라딘〉의 배경을 아랍으로 바꾸면서, 거기에 문명화되지 못한 세계의 신비와 호기심을 덧입혔다. 아랍인과 그들의 문화는 야만을 전제로 스크린에서 재현되었다. 심지어 영화 전반부에 나오는 노래 '아라비안 나이트Arabian Nights'에는 '이방인의 귀

● 영화 〈알라딘〉(1992), 〈포카혼타스〉(1995), 〈뮬란〉(1998) 포스터

를 자르는 곳'이라는 내용도 등장한다. 그들이 아랍을 야만과 공포의 지역으로 바라보고 있음을 짐작하게 하는 대목이다. 아랍에 대한 잘못된 인식은 노래 가사 한 구절에 그치지 않는다. 영화는 의상, 문화, 여성의 모습 등 아랍 문화 전반을 오리엔탈리즘의 시선으로 왜곡한다.

아랍은 흔히 중동 지역과 비슷한 의미로 쓰이는데, 아랍과 중동은 서로 연관되어 있지만 지리적, 문화적, 언어적으로 차이가 있다. 아랍이 언어적, 문화적으로 분류한 개념이라면 중동은 지리적 특징으로 구분한다. 또한 아랍은 서남아시아와 북아프리카의 22개국을 의미하며, 중동은 아랍권인 아라비아반도 국가들에 이란을 포함한 지역을 의미한다. 하지만 중동 역시 대중동의 관점에서 보면 북아프리카 지역까지 확장되며 아랍과 상당 부분이 겹치는 것을 알 수 있다. 아랍과 중동을 하나의 개념으로 오해하는 이유는 중동 국가의 상당수가 아랍에 포함되기 때문이다. 때문에 아랍과 중동은 종종 야만과 공포의 대상으로 한데 묶인다. 또한 이들 지역은 대부분 이슬람권으로, 9.11테러 이후에는 테러리즘과 연관 지어지기도 한다. 이처럼 아랍과 중동은 근대 이전부터 오늘날에 이르기까지 오랜 세월에 걸쳐 비이성적이고 비문명적이며 호전적인 세력으로 인식되어왔다.

아랍을 오리엔탈리즘의 시선으로 바라보는 것은 서양인들만이 아니다. 아랍 이외 지역의 동양인들 역시 아랍을 신비와 야만이 공존하는 이국적 세계로 인식한다. 서양인의 시각으로 창작된 문학 작품과 영화, 애니메이션 등이 비아랍권 동양인들에게도 영향을 미쳤기 때문이다.

애니메이션 영화 〈포카혼타스〉는 아메리카 원주민인 포카혼타스와 아메리카를 개척하기 위해 영국에서 온 존 스미스의 사랑을 통해 백인과 원주민 사이의 갈등과 화합을 다룬다.

영화는 당시에 일어난 백인의 만행을 숨기고 두 사람의 이야기를 아름다운 로맨스로 포장함으로써 서양 중심의 역사에 당위를 부여한다. 이것은 분명한 역사 날조요, 기만이다. 그런 면에서 영화의 주인공 포카혼타스는 서양인의 시각으로 조작된 평화를 상징한다고 볼 수 있다.

〈포카혼타스〉는 단순히 서양의 동양 침략과 지배를 미화하는 데 그치지 않는다. 이야기는 아메리카 원주민과 서양인의 평화와 화합으로 끝을 맺지만, 팩트는 이들의 화합이 서양의 아메리카 침략의 결과물이라는 것이다. 디즈니는 이 작품을 통해 유색인종이 열등한 존재이며 지배를 받아야 할 대상이라는 자신들의 시각을 자연스럽게 노출했다.

〈뮬란〉에는 동양 문화에 대한 몰이해와 여성 혐오가 두드러지게 나타난다. 영화는 오리엔탈리즘에 기반한 동양에 대한 "편견이 메인 캐릭터부터 서브 캐릭터까지 곳곳에 묻어 있고 묘사된 가부장제적 배경에 비해 주체성"[55]이 약하다. 디즈니는 동양을 피상적으로 이해하고 "단순히 '흥미로운 소재'로만 소비"[56]했다. 영화에서 오리엔탈리즘의 대상이 된 동양은 타자화된 채 버려지고, 디즈니의 첫 번째 아시안 슈퍼 히어로는 진정한 영웅이 되지 못한다. 이국적인 분위기가 가득한 〈뮬란〉의 영상과 등장인물은 서양인의 시각이라는 협소한 틀을 벗어나지 못한다.

물론 위에서 언급한 애니메이션의 사례만으로 서양 문화와 오리엔탈리즘의 친연성을 단정할 수는 없다. 더구나 요즘은 한류를 비롯한 동양권 문화와 예술 작품이 종종 세계적인 주목을 받기도 한다. 그러나 이 또한 한계가 있다. 그것이 서양 문화를 압도하며 전 세계 문화를 주도한다고 볼 수 없기 때문이다.

요사이 일부 동양 문화가 세계적으로 관심을 끌고 있지만 이는 개별적인 차원에서의 지지일 뿐이다. 빌보드차트를 석권하는 등전 세계적으로 인기를 끌고 있는 BTS의 사례를 가지고 한국의 대중음악이 전 세계 팝 시장을 주도한다고 말할 수 없는 것과 같은 이치이다.

영화도 마찬가지다. 우리나라 영화가 각광을 받고 세계적인 반응을 이끌어내는 현상과 별개로 영화계의 주도권 자체는 여전히 우리에게 넘어오지 않고 있다. 결국 동양 예술에 대한 커지는 관심에도 불구하고 오리엔탈리즘이 다양한 작품에서 지속적으로 노출, 재생산되고 있다는 데는 이론의 여지가 없다.

문화와 예술은 대중과 가장 가까운 곳에서 그들의 삶을 자연스럽게 파고들며 의식을 잠식한다. 문화, 예술 안에 들어 있는 왜곡된 사고가 특히 위험한 이유다. 디즈니 애니메이션의 오리엔탈리즘은 쉽고도 편한 방식으로 우리의 의식을 지배하며 어느새 단 하나의 진실이 되어간다. 그리고 이렇게 왜곡된 의식은 팬데믹이라는 상황 속에서 동양에 대한 혐오를 노골화한다.

COVID-19 기간에 겪은 동양 혐오는 우리의 일상을 둘러싸고 있던 오리엔탈리즘이 집중적으로 분출된 결과이다. 꼭 팬데믹 상황이 아니어도 오리엔탈리즘은 여전히 곳곳에서 작동하며 우리의 일상을 소리 없이 파고든다. 이렇게 된 데는 오리엔탈리즘적 세계관을 일반화한 문화와 예술 분야의 영향이 크다.

오늘날 문화, 예술은 대중의 의식을 지배하고 조작하는 중요한 매개체이다. 특히 대중문화의 영향력과 파급력은 상상을 초월한다. 그런 점에서 대중문화를 포함한 문화, 예술은 때로 우리의 의식 그 자체가 되기도 한다.

# 동양의 도시에 드리운

## 오리엔탈리즘의

## 그림자

서양이 동양을 '야만'과 '비이성', '비문명'의 세계로 보는 것은 우리의 삶을 둘러싼 공간과도 깊은 연관이 있다. 특히 도시를 중심으로 한 공간으로부터 받은 영향이 크게 작용한다. 도시는 근대 문명을 표상하는 대표적인 공간이자 기호이다. 도시화로 나아가기 위한 전 단계인 산업화 역시 서구적 근대를 대표한다. 산업화와 도시화는 문명의 척도를 나타내는 지표가 되기도 한다. 서양의 산업화와 도시화를 기반으로 한 근대성을 근대 이성의 세계로 치환하는 경우가 많기 때문이다. 서양은 자신들의 과학적 사고와 문명화된 세계를 합리적이고 이성적인 사회와 동일시한다. 그들이 동양을 비이성적이고 비문명화된 세계라고 생각하는 것은 동양이 서양의 근대적 특성과 대척점에 놓여 있다는 인식 때문이다. 단지 서양의 도시와 형태가 다를 뿐인데도 그들은 동양의 도시에 서구적 합리성은 존재하지 않는다고 믿는다. 동양의 정신과 문화는 서양의 반대 지점에 놓였다는 이유만으로 전근대적인 세계로 취급받는다.

근대 도시는 서양으로부터 발전한 공간이다. 따라서 동양의 도시는 서양에 비해 늦게 형성될 수밖에 없었다. 그리고 서양식 도시가 형성되는 과정에 개별 국가와 민족이 지니고 있는 특성이 결합하면서, 동양의 도시는 서양과 다른 독특한 모습을 지니게 되었다. 또한 동양의 도시는 서양과 달리 짧은 시간 안에 건설되었기 때문에 과도기적 형태를 띠는 경우가 많다. 때문에 동양의 많은 도시들은 근대적 공간과 전근대적 공간이 뒤섞인 독특한 풍경을 만들어낸다. 그리고 이러한 풍경이 서양인의 눈에는 종종 전근대적인 모습으로 비친다.

도시는 "사회·경제·정치 활동의 중심이 되는 곳으로서, 항상 수천 수만 명 이상의 인구가 집단거주하여 가옥이 밀집되어 있고 교통로가 집중되어 있는 지역"[57]으로, 각 나라마다 다양한 형태로 발전해왔다. 하지만 오늘날 도시는 대체적으로 서양의 근대적 도시 형태로 통일되어 있다. 일반적으로 도시를 지칭할 때 전제되는 것은 빌딩이나 도로와 같은 근대적 기반 시설이며 여기에 각각의 문화적 특성이 덧입혀진다. 단순히 인구와 가옥이 많거나 교통이 발달한 것만으로 근대 이후의 도시를 설명하기는 부족하다.

근대 초기의 도시는 대부분 서양을 중심으로 발달했다. 서양을 제외한 국가들에서는 대체로 이 시기에 근대적 도시가 형성되지 못했다. 우리나라만 하더라도 일제강점기에 도시라고 부를 만한 지역은 경성이 유일했다. 하지만 시간이 흐름에 따라 근대성이 우리 삶의 평균적인 형태가 되었고, 도시의 영역은 확장되기 시작했다. 서양을 중심으로 건설되었던 근대 도시는 서양 이외의 국가에서도 보편적 공간으로 자리 잡았다.

도시는 서양의 근대적 삶과 세계가 구축해온, 근대성이 집약적으로 드러나는 곳이다. 서양의 도시는 발달한 기계문명과 근대적 건축, 집중화된 주거지 등의 특징을 지닌 채 형성되고 발전했다. 따라서 전 세계 도시는 저마다의 개성에도 불구하고 상당한 유사성을 지닐 수밖에 없다. 콘크리트로 이루어진 고층 빌딩과 도로, 교량은 물론이고 각 나라별로 개성을 띠던 주택들도 서양의 주택과 유사한 형태로 새로이 지어지기 시작했다. 서양의 도시가 공통된 삶의 거처가 되었다는 것은 단순히 공간의 변화만을 의미하지 않는다. 그것은 우리의 삶과 세계가 더 이상 근대 이전과 같지 않음을 나타낸다.

오늘날 동양의 도시는 큰 틀에서 보면 서양의 도시와 차이가 없다. 오히려 어떤 면에서는 더 화려하고 현대적이기까지 하다. 서울이나 도쿄, 홍콩, 싱가포르, 상하이, 두바이 등의 모습은 파리나

● 2022년 현재 서울의 전경

런던, 바르셀로나, 뉴욕, 로스앤젤레스의 도시적 특성과 큰 차이를
보이지 않는다. 다만 근대화가 진행되고 있는 지역 중에는 외형적
으로는 도시의 형태를 띠지만 여전히 낙후되어 있는 곳들이 많다.
서양인의 눈에 비친 동양의 도시는 이국적이다. 하지만 이국적인
이미지가 실상은 낙후된 도시의 모습인 경우도 많다.

　서양인이 아시아 어느 국가의 도시를 걸을 때 마주하는 모습은
유럽이나 북미, 호주 등의 도시 풍경과 분명 다르다. 이런 도시들
은 근대와 전근대가 혼재된 양상을 띠기도 하고, 주거지의 게토화,
환경 문제, 적정 수용 한계를 넘은 인구 등 도시 형성 초기의 문제
를 고스란히 노출하기도 한다. 또한 표면적으로만 도시의 모습일

뿐 전반적인 시스템을 갖추지 못한 지역도 많다.

산업화가 이루어지지 않은 상태에서 형태만 갖춘 경우도 제대로 된 도시라고 할 수 없다. 도시는 단순히 빌딩이나 도로 등을 건설하는 것만으로 완성되지 않는다. 산업화를 통해 자생적 기반을 갖춘 이후라야 비로소 온전한 도시가 형성될 수 있다.

일제강점기 우리의 경성이 대표적인 기형 도시이다. 경성은 일제에 의해 건설된 도시로서 표면적으로는 어느 곳에 내놓아도 손색이 없었다. 하지만 일제강점기 우리 사회는 산업화를 제대로 거치지 않았고, 때문에 경성은 겉모습만 도시였을 뿐 도시의 바탕이 되는 산업 기반을 전혀 갖추지 못한 상태였다. 조금만 변두리로 나가면 여전히 농촌이 있었고 사람들의 생활도 전근대에 머물러 있었다. 도시와 농촌, 근대와 전근대가 뒤섞인 기이한 모습이었다. 도시는 "근대적 기반 시설과 문화적 환경"[58]이 두루 갖춰져야 한다. 도시화란 바로 이와 같은 단계를 거쳐 도시가 형성되는 것을 의미한다. 경성에는 이런 과정이 빠져 있었다.

근대와 전근대가 혼재된 형태의 도시는 저개발국가 등에 지금도 여전히 존재한다. 이런 도시는 여러 문제를 지닐 수밖에 없다. 기본적인 외형만 갖추었을 뿐 정주 공간으로서의 기능을 제대로 하지 못하기 때문이다. 거주민들은 주거와 같은 기본적인 문제조차 해결하지 못한 채 열악한 환경에 노출되고, 이런 환경에서 개인 위생을 기대하기란 쉬운 일이 아니다. 따라서 위생과 관련한 여러 가지 문제가 발생하며, 감염병에 대한 우려도 덩달아 커진다.

특이한 점은 이 같은 모습이 서양인들에게 특별한 느낌을 주고 호기심과 환상을 부추긴다는 것이다. 낙후된 도시의 모습은 때때로 서양인들의 이국적 취향을 자극하여, 낭만과 아름다움을 선물한다. 물론 이는 서양인뿐 아니라 그 나라보다 경제적으로 풍요로운 같은 동양권 국가의 여행객들도 동일하게 갖는 감정이다. 하지만 서양인들이 느끼는 특별함은 더욱 강렬하다.

여행객들은 동남아시아나 아프리카의 남루한 도시를 걷거나 저물녘 하늘을 바라보며 아름다움에 취한다. 때로 자전거를 타고 비포장도로를 달려 도시를 가로지르기도 하고, 노점이 즐비한 시장에서 식사를 하거나 술을 마시며 이국의 정취에 매료되기도 한다. 인력거나 툭툭을 타고 동남아 도심을 관광하는 것은 (누군가에게는 고된 노동이지만 누군가에게는) 낭만 그 자체다. 그러나 여기에도 서양의 오만한 태도가 깔려 있다. 동양의 도시 역시 누군가의 일상인데 여행객은 그것과 자신의 삶을 철저히 분리하고자 한다. 현지인들에게는 가난하고 남루한 도시의 삶이 서양인에게는 기호품처럼 다뤄진다.

팬데믹도 그렇다. 팬데믹 상황이 발생하면, 특별한 볼 거리를 선사하던 수상 가옥은 오염된 강과 호수에 지은 빈민가로 전락하고, 오래된 전통 시장의 정겨운 풍경은 비위생적인 공간으로 바뀌어버린다. 이제 도시는 가난과 더러움, 무질서와 남루함의 상징으로만 남게 된다. COVID-19 이후에 "중국뿐 아니라 아시아 전체가 질병과 오염, 야만의 근원으로 다시 한 번 등치"[59]된 것도 이와 연결된다. COVID-19가 더러운 도시의 이미지를 떠올리게도 만들고, 반대로 더러운 도시에서 COVID-19와 같은 감염병을 걱정하기도 한다. 서양인에게 동양의 도시는 이처럼 상황에 따라 전혀 다른 이미지로 소비된다. 특정 도시를 낭만의 대명사로 만들거나 더러움의 상징으로 만드는 것은 바로 동양이라는 세계의 바깥에 있는 서양이다.

# 의식주,

―――

## 틀림이 아닌 다름으로

―――

　　　　　　　　　서양은 동양을 야만의 프레임에 가두었
지만, 동양의 문화는 서양을 압도하기도 하며 고유의 세력을 확보
하고 있었다. 과거 서양이 동양의 향신료를 구하기 위해 갖은 애를
쓴 것이나 중국의 해군력이 유럽을 압도한 역사가 그것을 방증한
다. 총기류를 제외한 대부분의 영역에서 동양은 독자적인 성취를
이루었지만, 압도적인 화력을 앞세운 서양에 의해 식민 상태에 놓
이고 말았다. 그리고 역사가 승자의 입장으로 기록되는 것처럼 모
든 것은 서양 중심으로 재편되었다.

　이런 상황 속에서 세계의 중심축은 빠르게 서양으로 이동했고,
동양은 미개한 야만의 세계로 전락했다. 빛나는 문화적 성취와 역
사에도 불구하고 이후의 동양사는 철저히 서양의 관점으로 평가

되었다. 이처럼 '야만으로서의 동양'이라는 프레임은 서양에 의해 규정된 이미지이자 서양의 침략과 수탈의 결과이기도 하다. 동양의 문화 또한 서양의 자의적인 판단으로 조작된 만큼 수준 낮은 것으로 치부될 수밖에 없었다. 삶의 기본이 되는 의식주도 마찬가지였다. 서양의 관점에서 그것은 불편하고 더러운 것이었다. 심지어 단순히 낙후되었다는 인식을 넘어 미개한 수준으로 폄하되기까지 했다. 서양의 과학 기술만이 유일한 문명으로 간주되는 상황 속에서 오리엔탈리즘은 전방위로 확대되며 거스를 수 없는 진실이 되어갔다.

근대 이후 동양의 삶은 많은 변화를 겪었다. 의식주 역시 서양의 양식에 무차별적으로 장악당하며 과거와 비교할 수 없을 정도로 달라졌다. 서양의 생활과 문화 양식은 우리나라뿐만 아니라 전 세계적으로 보편화되었고, 그들의 근대성은 곧 선진화된 삶과 동일시되며 전근대적 삶의 풍경을 압도했다. 물론 근대성은 각 나라마다 조금씩 다른 특성으로 나타났지만, 표면적으로는 서양의 그것과 크게 다르지 않았다.

오늘날 우리의 생활양식과 의식주는 서양의 것을 거의 그대로 따르고 있다. 결혼식 같은 전통 예식도 마찬가지다. 폐백 등 몇몇 양식에 전통의 흔적이 남아 있지만 전체적인 형태는 서양과 동일하다고 보아도 무방하다. 제사처럼 비교적 전통의 원형이 남아 있는 것도 일부 있지만, 이 또한 서양의 형식과 혼재되어 국적 불명의 모습을 띠는 경우가 많다.

전통의 해체라는 우려에도 불구하고 근대화된 생활양식은 삶의 질 전반에 획기적인 변화를 가져왔다. 하지만 지역과 국가에 따라 수준은 제각각이었으며, 경제력과 연관되어 여전히 열악한 환경에 놓인 곳도 많았다.

오늘날 비유럽권 국가들 중 선진국에 속한 곳은 대부분 백인이 주류를 이루고 있는 반면, 동양권 국가들이 선진국에 포함된 사례는 극히 드물다. 동양권 국가들은 대부분 근대화가 상대적으로 늦었으며 상당수가 저개발국이다. 따라서 국가는 물론 대다수의 국민들이 빈곤 상태에 놓여 있다. 서양 중심의 역사 속에 존재 가치가 폄하된 동양은 빈곤을 야만과 동일시하는 왜곡된 시선까지 감수해야 했다.

이러한 상황이 가장 손쉽게 표면화되는 영역이 의식주이다. 의식주는 개별화된 삶을 드러내는 기호이면서 동시에 국가와 같은 특정 집단의 문화를 나타내는 상징이기도 하다.

우리 삶에서 옷은 기호이자 입은 사람의 개성을 드러내는 도구가 된다. 음식은 단순한 생존의 문제를 넘어 문화와 산업으로 확장되기도 하며, 세계사와 국력을 좌우하는 막강한 무기가 되기도 한다. 역사 속 수많은 갈등과 전쟁이 식량과 연관되어 있다는 것은 널리 알려진 사실이다. 주거와 관련된 건축 역시 한 나라의 문화적 수준을 가늠할 수 있는 분야이자, 기술 역량을 판단하는 잣대가 된다.

옷은 개개인의 기호를 드러냄과 동시에 국가와 민족으로 대표되는 한 집단의 문화적 가늠자로도 기능한다. 옷에는 각 나라와 민족, 인종의 확고한 전통과 개성이 담겨 있다. 문제는 각각의 개성에 대한 판단이 상대적이라는 것이다. 그렇기 때문에 '나'와 다른 대상에 대해 배타성이 나타나기 쉽다. 일례로 터번이나 부르카, 히잡 등은 이슬람을 상징하며 곧장 테러 등으로 이미지화된다. 사람들은 때로 이러한 이미지만으로 이슬람권에 대한 배타적 태도를 드러낸다.

서양은 이슬람권뿐 아니라 동양의 복식 문화를 통해 동양에 대한 고정관념을 고착화하기도 했다. 서양의 디자이너들은 "허구적이고 주술적이며 환상적인 느낌을 표현하기 위해 동양의 형태와 색채, 장식 등을 사용하였으며, 이러한 복식의 조형요소들은 신비적 이미지를 재생산하여 동양적 이미지를 자의적으로 규정"[60]했다. 서양은 동양의 신비를 재현함으로써 자신들이 직면한 고통스런 현실로부터 도피하고자 하였다. 서양의 디자이너들이 현대 복식에 반영한 동양에 대한 "차별적 이미지는 서구 이외의 지역 즉, 동양의 후진성과 미개성을 명제로 파악하고, 편견과 고정관념"[61]을 여지없이 드러낸다.

서양 복식에서 동양적 요소가 나타난 것은 오랜 역사를 가지고 있다. 기원전 4세기경 알렉산더 대왕의 동방원정에 등장한 것을

● 부르카를 쓴 여성

● 터번을 쓴 남성

시작으로 기원전 2세기경부터는 실크로드를 통해 인도와 중국의 옷감 등이 수입되었다. 이후 십자군 전쟁, 신항로 개척, 신대륙 발견 등과 함께 동양의 복식과 관련된 것들이 서양에 전해졌다. 동양의 복식 문화는 이국적 호기심과 맞물리며 오랜 기간 서양인들에게 인기를 끌었다.[62]

그러나 그들에게 동양의 복식 문화가 언제나 긍정적으로 인식된 것은 아니다. 미적 감각을 인정받기도 했지만 "짙은 화장과 과도한 장식은 요부형과 상품적 가치를 지닌 천박한 화려함의 상징"[63]으로 인식되기도 했다. 그리고 서양은 이런 모습을 "20세기 초 동양의 신여성을 대표하는 모습으로 왜곡"[64]하였다. 전형적인 오리엔탈리즘의 관점이다. 중요한 것은 복식 문화와 관련된 오리엔탈리즘에 진짜 동양이 들어 있지 않다는 사실이다. 서양인의 부정적 상상력으로 만들어진 동양인의 낯선 옷차림은 오리엔탈리즘을 강화하며 근거 없는 진실이 되어갔다.

음식과 관련된 문제는 음식 문화 자체와 음식과 연관된 위생 환경으로 나누어 생각해볼 수 있다. 오늘날 동양의 음식과 음식 문화는 고유한 맛과 가치를 인정받고 있다. 음식은 나라별 개성이 존중되는 흔치 않은 분야 중 하나다. 물론 음식과 관련하여 혐오의 문제가 생기기도 하지만 특수한 사례를 제외하면 대체로 상대성을 인정하는 분위기다. 뿐만 아니라 고대에 진귀하게 여기던 동양의 향신료는 서양인들에게 환상의 대상이었다. 아시아는 오랜 향신료

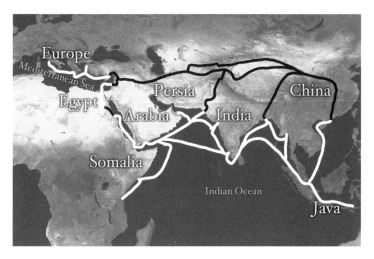

● 실크로드(검은색)와 향신료 무역로(흰색)는 1453년경 비잔틴 제국의 멸망과 함께 오스만 제국에 의해 봉쇄되었다. 이후 아프리카 무역로 개척을 위한 탐험이 전개되며 대항해시대가 열렸다.

문화를 가지고 있었는데, 유럽인들은 아시안이 사용한 향신료를 조금씩 맛보거나 그에 관한 이야기를 들으며 먼 이국에 대한 환상을 키웠다.

향신료는 비싸게 거래됐고 많은 돈을 벌 수 있는 품목이었다. 하지만 당시에는 아라비아인, 이슬람교도, 페르시아인이 아시아와의 교역을 장악하고 있었기 때문에 유럽인들은 아시아와 직접 거래를 할 수 없었다. 향신료 교역은 대부분 육로로 이루어졌는데, 유럽인들이 아시아의 향신료를 구입하려면 이들 상인들을 통해야 했다. 당연히 향신료는 값비싸고 진귀했다. 그러다 포르투갈이 해상

● 마르코 폴로의 『동방견문록』에 나오는 삽화. 인도 사람들이 후추를 수확하는 모습이다.

항로를 개척하는 데 성공했고 유럽과 아시아가 비로소 직접 만나
게 되었다.

　당시 아시아의 경제력과 문화는 수준이 상당해서, 서양에서 가
져온 물건이 보잘것없는 것으로 취급받을 정도였다. 하지만 총으
로 무장한 포르투갈은 인도에 도착한 이래 해상 무역을 장악하며
아시아에 대한 지배력을 강화했다. 이후 유럽의 아시아 진출이 잇
따랐고, 결국 아시아 향신료에 대한 유럽의 관심은 착취와 침략,
식민 지배라는 비극으로 이어졌다. 향신료의 중요한 생산지로서
아시아는 전 세계의 주목을 받았지만, 향신료에 대한 서양의 관심
과 교역이 확대될수록 동양의 독점적 지위는 약화되었다. 물론 국

제 교역이 활발해진 오늘날 식량 산업 전반의 지형도는 과거와 많이 달라졌다.

향신료가 동양 음식 문화의 절정기를 상징한다면 COVID-19는 정반대의 상황을 보여준다. 처음 COVID-19가 발생했을 당시 그 원인으로 중국 우한 재래시장에서 판매되는 야생동물 식재료가 지목되었고, 이로 인하여 동양의 음식 문화는 순식간에 야만의 상징이 되고 말았다. 우한시장에서 판매되는 야생동물 중 상당수가 불법적인 과정으로 포획, 도살, 판매되고 있는 것은 널리 알려진 사실이다. 우한시장이 아니더라도 중국 시장에서 야생동물을 판매하는 것을 보는 일은 어렵지가 않다. 그러나 그것을 대표적인 중국 음식 문화로 생각한다거나 동양 전체의 음식 문화로 생각한다면 곤란하다. 중국 시장의 야생동물 거래를 일반화하여 중국이나 동양 전체를 야만적 세계로 취급하는 것은 혐오를 재생산해 오리엔탈리즘을 강화할 뿐이다.

무더운 여름날 아시아의 전통시장을 떠올려보자. 노점에 식재료가 방치되듯 진열되어 있고, 식당의 조리기구는 언제 닦았는지 알 수 없을 만큼 지저분하다. 때문에 여행 가이드는 노점에서 파는 음식을 함부로 사먹지 말라고 당부한다. 서양인들이 떠올리는 동양의 시장은 대개 이런 모습이다. 동양의 음식은 세계적으로 높은 평가를 받지만 한편에선 일부 국가와 지역의 이미지처럼 위생과 관련된 문제를 동반한다. 그리고 위생 문제는 서양이 인식하는 동

● 아시아 어느 전통시장의 모습

양의 야만성과 연결되며 또 하나의 고정관념을 만든다.

음식과 관련된 고정된 이미지는 평소에는 별다른 문제가 되지 않는다. 하지만 이것이 팬데믹과 맞물리면 이야기가 달라진다. 더러움과 혐오의 시선이 강화되고, 야생동물을 무분별하게 식재료로 사용하는 나라는 야만의 다른 이름으로 손쉽게 치환되며, 이는 또다시 동양 전체에 대한 부정적 인식으로 확대된다.

주거와 관련해서는 어떤가. 동양은 전통적으로 뛰어난 건축술을 가지고 있었지만 일부 국가와 지역을 제외하고는 공간적인 면에서도 후진적 이미지가 강했다. 물론 우리의 한옥과 같이 높은 수준의 건축 문화도 있었지만 동양권 전체를 놓고 볼 때는 그렇지 못한 경우가 많았다. 정주 형태의 집이 아닌 이동식 주택도 다수 있었고, 형태만 겨우 갖춘 집들도 있었다. 이는 각 나라의 기후나 환경에 적응하는 과정에서 만들어진 주거 방식이었다. 하지만 이렇듯 다양한 동양의 주거 형태는 서양에 의해 일방적으로 수준 낮은 건축 문화로 치부되었다. 서양은 자신들의 건축 양식만을 기준으로 삼아 동양의 건축물에 지극히 일방적인 평가를 내렸다.

근대 이전의 동양 건축물이 서양의 건축물에 뒤처진다는 근거는 어디에도 없다. 그러나 서양의 건축술이 선진적인 것으로 이해되는 상황에서 동양권의 일부 열악한 주거 환경이 동양에 대한 비문명적 이미지를 강화한 것은 분명하다.

이러한 오만함은 서양권뿐 아니라 같은 동양권에서도 드러난다. 우리도 예외는 아니다.

우리는 때때로 동남아시아의 수상가옥이나 엉성하게 지은 아프리카의 주택을 빈곤포르노처럼 소비한다. 스스로 우리의 전통 가옥을 낙후된 세계로 취급하고 모두 없애버린 경험도 있다. 그러고는 서양의 건축술만을 문명으로 여기며 콘크리트로 이루어진 아파트 공화국을 만들었다. 한국의 근대 건축이 "식민지 경험으로 인해 종종 단절, 왜곡, 모순 등의 수식어와 병행되거나, 타율적 이식론과 내재적 발전론이라는 대척적인 관점에서 평가"[65]되는 것은 그런 이유에서다. 이런 상황에서 우리는 어떤 문화적 자부심을 느낄 수 있을까? 서양의 모습과 같아진다고 선진화되는 것도, 오리엔

탈리즘이 사라지는 것도 아닌데 말이다.

근대 이후의 건축 양식은 서양의 우월성을 시각화하여 과시하기에 적합한 방식으로 작용했다. 거리에 전시된 아름답고 웅장한 서양 건축물은 그 자체로 '선진화된 서양'이라는 이데올로기가 되고, 누구나 볼 수 있다는 점에서 매우 효과적인 선전 매체가 된다. 식민지에 지은 서양 건축물은 그런 효과를 통해 식민 지배의 당위를 확보한다. 식민지에 지어진 건축물은 "제국의 권력과 병행하는"[66] 존재이며, 이것은 "서구로 동질화된 자아의 선진적 문명과 권위를 재현하는 도구이자, 타자 식민지인에게 제국의 영원성과 위압감, 그리고 위계질서를 주입하는 효과"[67]를 불러온다.

식민지의 건축물이 아니더라도 서양 건축물의 모습에 매혹당하는 일은 얼마든지 있다. 그리고 그것은 인간의 욕망과 연결되며 근대의 바벨탑이 된다. 이는 근대화의 과정 속에 서양의 건축물이 우리의 삶과 의식을 압도했다는 것이지 동양의 전통 건축물이 지닌 아름다움과 가치가 낮다는 말은 아니다. 그러나 미적 완성도가 높은 건축물뿐만 아니라 무미건조한 콘크리트 빌딩마저도 근대성을 표상하며 선망의 대상이 되었다는 것은 다소 우스운 일이다.

근대 동양의 건축은 전근대와 혼돈의 동거 상태에 있었다. 이는 전통과 새로움의 충돌이 빚은 혼란이기도 했다. 전체적으로는 서양 건축의 형태를 띤 채 그것을 지향했지만 결국 무국적 건축물로 전락한 사례도 많다. 양식에 대한 고민 없이 급조된 콘크리트 건축물의 난삽함도 문제지만, 급격한 도시화 속에 제대로 된 집 한 칸 갖지 못한 채 삶을 영위하는 이들이 많다는 점도 문제다. 근대 이후의 건축은 자본과 밀접한 관계에 놓이는 만큼 경제적인 부분이 뒷받침되지 않는다면 이 문제는 해결하기 힘들다. 이런 상황 속에서 저개발 국가의 주거 환경을 개선하는 일 또한 쉽지 않다.

동양인들이 입고, 먹고, 잠을 자는 모습을 떠올려보자. 그것은 저마다의 절박한 순간이며 존중받아 마땅한 인생이다. 어떤 모습을 하고 있든 그것은 '틀림'이 아니라 '다름'일 뿐이다. 하지만 서양 중심으로 이루어진 세계는 모든 것을 자의적으로 판단함으로써 그것을 '남루'와 '야만', '이국의 신기한 낭만'으로 만들어버렸다.

오리엔탈리즘은 동양의 사상이나 예술, 문화, 역사 등 거창한 것뿐 아니라 일상생활과 연관된 것들까지 집어삼켰고, 팬데믹 상황 속에서 혐오와 조롱의 강도는 더욱 세졌다. 과거에 비해 입지가 강화되었다고 해도 동양은 여전히 비주류를 벗어나지 못하고 있다.

그러나 문화는 상대적인 것이다. 의식주도 그렇다. 누구나 자신에게 익숙한 것을 긍정적으로 바라보고, 그렇지 않은 것을 부정적으로 인식하는 법이다. 절대적인 평가 기준이 없다면 더욱 그렇다.

낯선 옷차림이 기이하게 다가오는 것은 익숙하지 않기 때문이다. 복식이 하나의 문화임을 감안할 때 거기에 옳고 그름은 있을 수 없다. 그것은 단지 다름일 뿐이다. 음식도 마찬가지다. 사회의 보편적 감수성을 벗어난 것만 아니라면 서로 존중해줘야 한다. 정주 공간 또한 예외는 아니다. 서양과 같지 않다는 이유만으로 그 가치가 폄하되어서는 안 된다. 물론 시대나 환경에 따라 판단 기준은 달라질 수 있다. 그러나 '나'와 다르다는 이유로 타자를 배척하는 태도는 곤란하다.

# 4

## 팬데믹과 오리엔탈리즘

# 세계화 시대의

---

# 팬데믹이 말하는 것

---

사회를 구성하는 개인과 집단이 하나
의 세계 안에서 삶을 영위하는 것을 뜻하는 '세계화'는 사회, 정치,
경제, 문화 등 다양한 분야의 교류 증가를 필연적으로 동반한다.
당연히 인적 교류가 빈번해질 수밖에 없으며, 세계화 시대에 감염
병은 더 이상 특정 지역에 제한하여 발생하지 않는다. 기초감염재
생산지수[*]가 1 이상이면 감염병 유행이 확산한다는 뜻이다. 그런
데 기초감염재생산지수가 같더라도 과거에 비해 오늘날은 감염병
확산이 더욱 쉽다. 세계화 이전에는 지역적으로 교류할 수 있는 한
계가 있었다. 과거에는 산과 강, 바다 등의 자연 환경을 극복하기

[*]    감염자 한 명이 몇 명에게 바이러스를 옮기는지를 나타내는 지수

힘들었기 때문에 지역 간 교류가 쉽지 않았고, 따라서 감염병의 확산 역시 제한적일 수밖에 없었다. 물론 오늘날에 비해 그렇다는 것이지 과거라고 하여 감염병의 확산이 불가능했다는 이야기는 아니다. 지역에서 지역으로 전염되는 속도의 차이가 있을 뿐 감염 자체를 차단할 수는 없었기 때문이다. 하지만 오늘날 감염병의 확산 속도는 과거에 비해 월등히 빨라졌다.

오늘날 감염병이 더욱 빠르게 퍼지는 것은 우리를 둘러싼 공간과 시간이 과거와 다른 양상으로 변했기 때문이다. 과거에 우리가 느끼는 시간과 공간의 거리는 지금에 비해 훨씬 멀었다. 하지만 똑같은 지역이라도 오늘날 느끼는 시간과 공간의 거리는 훨씬 가깝다. 실제 거리는 예나 지금이나 차이가 없지만 교통수단과 도로가 발달하고 이동 시간이 단축되면서 공간적인 거리감이 가까워진 것이다. 이를테면 과거에 부산과 서울은 한 달 이상 걸어야 갈 수 있는 아주 먼 곳이었지만 지금은 비행기를 타면 한 시간도 안 걸린다. 당연히 부산과 서울의 거리를 다르게 느낄 수밖에 없다.

전근대가 시간 중심 세계였던 데 반해 현대 문명사회인 오늘날은 공간 중심 세계다. 과거는 공간과 공간을 이동하는 시간이 길었기 때문에 공간과 공간 사이의 거리를 시간 개념으로 이해했다. 그러나 지금은 시간이 대폭 축소됨으로써 공간이 강조된다. 과거에는 부산과 서울이라고 하면 한 달 이상의 시간이 먼저 떠올랐지만 지금은 공간이 먼저 떠오른다.

시간의 단축은 곧 감염병의 급속한 확산과 깊은 연관을 맺는다. 과거에는 사람이 지역과 지역을 오가는 데 오랜 시간이 걸렸던 만큼 감염병이 전파되는 데도 긴 시간이 필요했다. 하지만 오늘날은 지역 간 이동 시간이 대폭 단축된 만큼 감염병도 빠르게 확산한다. 교통수단의 발달과 인적, 물적 교류의 확대는 감염병의 확산에 엄청난 영향을 미쳤다. 더구나 과거의 전염병이 도미노가 쓰러지듯 순차적으로 확산하는 특성을 지니고 있었다면 오늘날 감염병은 언제 어느 곳으로 확산할지 알 수 없다. 그것은 마치 산불과도 같다. 산불은 하나의 지역에서 발생하여 순서대로 이동하지 않는다. 특히 바람이 심한 날에는 한 곳에서 발생한 산불이 여러 곳으로 동시다발적으로 옮겨 붙을 수 있다. 불씨가 바람을 타고 먼 곳으로 날아가 또 다른 산불을 일으키기도 한다. 오늘날 감염병은 전 세계 항공편과 자동차, 선박 등을 통해 마치 산불처럼 확산한다. 국경이나 발병 지역을 폐쇄한다고 해도 확산을 완전히 막기란 불가능하다. 전파 속도를 다소 늦출 뿐 이것이 근본적인 해결책이 될 수는 없다.

이와 관련하여 슬라보예 지젝은 역설적인 상황을 언급한다. 지젝은 "세계가 연결될수록 지역의 재난은 전 지구적 공포를 유발할 수 있고 끝내 파국으로 이어질 수 있"[68]다고 지적하며, 2010년 봄에 일어난 아이슬란드 화산 폭발에 대해 이야기한다. 그는 화산 폭발로 인해 발생한 "지구 생태의 복잡한 메커니즘에서는 사소한 혼란에 불과한"[69] 구름이 "유럽 전역의 항공 운항을 거의 전부 중지시켰"[70]음을 언급하며, "사소한 폭발이 가져온 어마어마한 사회경제적 충격"[71]이 항공 여행 기술 발전의 덧없음 때문에 발생했다고 주장한다.

지젝이 말한 것처럼 오늘날은 사소한 위험조차 급속히 확산할 수 있다. COVID-19도 중국 우한 지역에서 처음 발생한 후 짧은 시간에 전 세계로 확산했다. 많은 국가에서 중국인 입국을 제한했지만 COVID-19의 확산을 막지는 못했다. 중국이 도시 전체를 완전히 봉쇄하는 초강력 조치를 취했지만 결과는 다르지 않았다.

세계화는 사회, 정치, 경제, 문화 각 분야에서 지역을 통합하는 것에 머물지 않는다. 각 지역 간 통합은 필연적이고 여러 장점도 있지만 그렇지 못한 점도 많다. 세계화로 인해 국가 간에 사회, 문화적으로 다양성이 사라지고 강대국 위주로 세계가 재편되는 등 여러 문제점이 나타난다. 뿐만 아니라 직접적인 연관이 없을 것만 같은 팬데믹 상황과도 긴밀하게 연결되며 문제를 드러낸다. 세계가 하나로 통합되어 인적, 물적 교류가 늘어날수록 팬데믹은 치명적인 결과로 이어질 수 있다. 그동안 이루어지던 인적, 물적 교류가 급속히 차단되는 역逆세계화*가 진행되기 때문이다. 역逆세계화는 "세계화에 맞설 아무런 의도나 의지 없이 갑자기 들이닥친 임박한 위험 때문에 세계화의 흐름을 잠정 중단시키거나 흐름을 늦추는 것"[72]이다. 탈脫세계화와 달리 사회 구성원들이 아무런 준비 없이 맞닥뜨린다는 점에서 사회적 충격이 더 크다.

팬데믹은 세계화의 사회 구조를 일거에 멈추게 함으로써 경제와 일상 등 우리 삶의 많은 영역에 큰 불편과 손해를 초래하였다. 어쩌면 사람들은 감염병 자체보다 그것이 더 두려운 것인지도 모른다. COVID-19 사태가 장기화되면서 병 자체보다 그 외의 고통이 더 크게 다가온다는 것을 이미 많은 사람들이 경험했다. 코로나 바이러스에 감염되는 것보다 경제적 어려움이 더 무섭다고 호소하는 이들도 많았다.

세계화는 전 세계를 하나로 통합함으로써 지역에 머물러 있던 고통의 범위를 확대시킨다. 팬데믹은 이전보다 더 많은 국가와 대륙으로 이어지며 전 세계를 동일한 고통으로 통합시킨다. 이때 고통은 감염병 자체에 그치지 않고 우리의 삶 전 영역으로 확장되며 증폭된다. 세계화 시대에 국가와 국가, 개인과 개인은 촘촘하게 연결되어 있기 때문에 하나가 무너지면 나머지도 연쇄적으로 영향을 받을 수밖에 없다. 그리고 이런 상황 속에서 맞닥뜨리는 고통의 크기는 상상할 수 없을 만큼 늘어난다. COVID-19를 통해 우리는 이 모든 상황을 직접 체험했다.

✦ 역逆세계화와 비슷한 용어로 탈脫세계화가 있다. 탈脫세계화는 세계화를 벗어나자는 의미를 지니고 있다. 세계화의 뜻과 반대라는 점에서 역逆세계화와 유사한 의미를 지니지만 주체가 누구냐에 따라 나뉜다. 역逆세계화는 스스로의 의지와 무관한 사회 현상이고 탈脫세계화는 스스로 주체가 되어 세계화를 탈피하는 것이다.

COVID-19가 장기간 이어지면서 감염병의 위험에 무감각해지기도 하고 자포자기의 심정이 되기도 했지만 고통으로부터 벗어날 수 있는 길은 잘 보이지 않았다. 팬데믹이 과거에 비해 더욱 복합적으로 우리 삶에 작동했기 때문이다. 그리고 앞으로도 이러한 문제를 완전히 해결하기란 불가능할 것으로 보인다.

팬데믹 앞에서 전 세계는 공동 운명체가 되었다. 하지만 팬데믹 앞에서 모두가 평등하지는 않다. 누군가는 감염병의 위험을 더 많이 감내해야 하고, 누군가는 더 큰 삶의 고통이나 가난과 마주해야 한다. 세계화의 그늘은 팬데믹이라는 비극도 예외일 수 없다.

# 인종주의,

## 화사한 색 마스크를 쓰는

### 사람들

인종주의는 인종을 생물학적, 인종적 특성으로 나누어 파악한다. 그런데 인종주의적으로 파악한 특성은 기본적으로 불평등을 전제로 한다. 그것은 마치 일류 시민, 이류 시민 하듯 인간을 우열로 가르고, 우열은 혐오의 옷을 걸친 채 정복과 착취라는 형태로 실재화된다. 대부분의 인종주의는 패권을 가진 민족이나 국가에 의해 자행되기 마련이다. 그러나 생물학적 특성으로 인종을 구분하는 것은 합리적이지도 이성적이지도 않다. 인종주의는 언뜻 생각해도 비이성적이지만 오래전부터 자행되어왔다. 심지어 헤겔이나 니체 등 이성적 태도를 지니고 있었을 것만 같은 철학자들 역시 인종주의를 주장했다.

칸트 이래 서양에서 동양을 지칭할 때 사용한 "'신비한'이란 단어는 '이성적'이란 말의 반대 의미"[73]였다. 역사적으로 인종주의는 제국주의의 당위성을 주장하는 데 이용되곤 했다. 우리에게 가장 익숙한 인종주의는 히틀러 시대 독일의 나치즘이다. 히틀러는 게르만 인종의 우월성을 내세우며 무려 600여만 명의 유럽 거주 유대인을 학살하였다. 이외에 영국의 식민 지배도 대표적인 인종주의다.

폭넓게는 유색인종에 대한 서양인들의 우월적 태도도 인종주의라고 볼 수 있다. 신대륙 탐험 이전에는 일반적으로 유럽 백인에 의해 인종주의가 나타났다. 하지만 서양인의 신대륙 진출 이후에는 유럽이라는 제한된 지역을 벗어나 전 세계로 확대되었다. 북미와 남미, 아프리카와 아시아 등 서양인들의 패권이 미치지 않는 곳이 없는 만큼 자연스럽게 영역을 넓힌 것이다.

이렇듯 유럽인들의 신대륙 진출과 식민지 건설의 바탕에는 언제나 인종주의가 깔려 있었다. 그들에게 신대륙 원주민은 정복의 대상이었고, 아시아 등 식민지는 시혜의 대상일 뿐이었다. 심지어 호주와 남아프리카공화국은 백인 중심의 인종주의를 정책적으로 펼치기도 했다. 호주는 1900년대 초반부터 1970년대 초반까지 백호주의(白濠主義, White Australia Policy)를 시행하며 백인 이외의 인종을 배척했다. 남아프리카공화국은 흑백분리정책인 아파르트헤이트를 시행한 바 있다.

팬데믹은 인종주의를 더욱 강화하는 역할을 한다. COVID-19를 비롯하여 중국에서 발생한 사스, 홍콩 독감 등은 특정 국가와 민족에 대한 혐오를 시작으로 동양인 전반에 대한 인종주의를 표면화했다. 메르스 역시 중동 지역에 대한 혐오를 양산하며 인종주의를 드러냈다. 감염병과 연관된 인종주의는 이처럼 대체로 서양 이외의 지역에서 많이 나타났다. 팬데믹으로 지정되지는 않았지만 에이즈 바이러스AIDS 역시 아프리카가 발생지로 지목되며 인종주의적 편견을 동반했다.

인종주의를 대표하는 또 하나의 사례가 '중국 또는 중국인에 대한 혐오'를 의미하는 '시노포비아'이다. 시노포비아를 포함한, '외국인에 대한 혐오'를 뜻하는 '제노포비아' 역시 인종주의를 기반으로 한다.

인종주의는 동양인뿐 아니라 흑인 미국인, 즉 '아프리칸 아메리칸African-American'을 대상으로도 나타난다. 이들은 그전에도 종종 일상에서 인종주의를 경험했지만 COVID-19 이후 그 강도는 더욱 세졌다. 그런데 COVID-19 이후 이들이 겪는 인종주의의 원인 중 하나로 뜻밖에 마스크가 꼽힌다. COVID-19 감염 예방 차원에서 착용이 권장되었던 마스크가 아프리칸 아메리칸에게는 오히려 차별의 빌미가 된 것이다.

마스크가 인종주의의 원인이 된 것은 그들의 외모에서 범죄자를 떠올리는 사회 분위기와 연관이 있다. "흑인이 모자 달린 티셔츠만 입어도 범죄자 취급"[74]을 받는 일이 종종 벌어지는 미국에서는 마스크를 착용한 흑인 또한 마찬가지 취급을 받아야 했다. 이 때문에 일반적인 마스크 대신 분홍색, 연녹색, 하늘색 손수건을 사용하는 사람들이 있을 정도이다.✦

흑인들이 화사한 색상의 손수건을 사용하는 것은 이러한 선입견을 중화하려는 의도이다. 마스크는 감염병을 예방하게 해주는 작은 물건이지만 이것이 인종주의와 연결될 때는 오히려 심각한 문제가 될 수 있다는 것을 알 수 있다. 그동안 우리는 인종주의의 주요 배경으로 감염병 같은 직접적 요인을 주로 떠올렸다. 그러나 인종주의는 마스크처럼 뜻밖의 지점에서 나타나기도 한다.

그렇다면 서양은 도대체 무엇 때문에 팬데믹을 비롯한 감염병에 인종주의의 굴레를 씌우는 것일까? 여기에도 역시 백인우월주의

---

✦　53세인 흑인 마케팅 컨설턴트 킵 딕스의 WP 인터뷰를 보면 마스크를 쓰는 공포를 짐작할 수 있다. 테네시주 내슈빌에 사는 그는 일요일인 지난 5일 마트에 갔다. 미 질병통제예방센터CDC가 마스크 착용을 권고한 뒤 첫 외출이었다. 그는 대형 손수건인 반다나로 입과 코를 가렸다. 신중하게 고른 하늘색 반다나였다. 딕스는 "흑인으로서 내가 뭘 하는지 어디에 가는지 인지해야 한다. 외모는 문제가 된다"라면서 "분홍색과 연녹색, 하늘색으로 나는 위협적이지 않게 보인다. 가능한 한 위험을 줄이고 싶다"고 말했다.

미 웰슬리대 마이클 제프리스 교수는 "세계적 대유행(팬데믹)이 시작되면서 인종주의도 강화됐고 처음에는 감염의 원천으로 지목된 아시아계 미국인이 타깃이었다"고 지적했다. 그는 "흑인은 모자 달린 티셔츠만 입어도 범죄자 취급을 받게 된다"면서 "허리케인 카트리나 때도 흑인은 음식과 물품을 찾아 뒤지다 약탈자로 내몰렸지만 백인은 똑같은 일을 해도 피해자 대우를 받았다."고 덧붙였다. 미국에서는 무장하지 않은 흑인을 경관이 총으로 쏴 숨지게 하는 등의 과잉대응 사건이 잇따르면서 인종적 선입견이 고질적 병폐로 지적되고 있다.─〈연합뉴스〉, 2020.4.10.

● 헥터 피터슨(Hector Pieterson, 1963~1976). 남아프리카공화국 소웨토 항쟁
당시 경찰의 총격으로 사망한 첫 번째 희생자이다. 피터슨은 이후 아파르트헤
이트 저항 운동의 상징이 되었으며 남아프리카공화국의 역사를 바꾸는 계기가
되었다.

인 우생학eugenics이 개입된다.

　장태한 UC리버사이드대 소수인종학과 교수는 COVID-19로 인한 인종주의를 "백인 인종의 우월성을 주장하면서 소수 인종은 열등하므로 인구를 억제하거나 말살해야 한다고 주장한 것의 연장선"[75]이라고 파악하고 있다. 우생학을 지지하는 이들은 '동양인은 팬데믹에 취약한 존재'라며, 그 이유는 이들이 "아직 진화 과정을 거치고 있는 미개하고 열등한 인종"[76]이기 때문이라고 주장한다. 물론 팬데믹과 관련한 우생학이 특정 인종을 도태시키자는 방식으로 전개되는 것은 아니다. 하지만 팬데믹의 원인을 열등한 인종의 문제로 돌림으로써 우생학적 우열에 정당성을 부여한다.

# 시노포비아,

## 공포인가 혐오인가

시노포비아는 '중국'을 의미하는 '시노 Sino'와 '공포'를 의미하는 '포비아Phobia'의 합성어이다. 즉 이 말은 '중국, 중국인과 연관된 것들에 대한 공포와 혐오'를 뜻한다. 그러나 시노포비아가 내포한 의미는 실제로는 공포보다 혐오에 더 가깝다고 볼 수 있다. 중국과 중국인에 대한 두려움보다 중국과 중국인의 사회적, 문화적 특성을 혐오하는 모습으로 나타나는 경우가 대부분이기 때문이다. 시노포비아는 케임브리지 사전에 등재될 정도로 일반화된 개념이다. 시노포비아가 나타나게 된 것은 문화 지체 현상 때문이라고 볼 수 있다. 문화 지체란 사회학자인 오그번이 사용한 개념으로, '정신적, 비물질적 변화가 물질 문명의 변화를 따라가지 못해 나타나는 혼란'을 의미한다.

중국은 경제적, 군사적 강국의 지위를 획득하며 국제무대의 전면에 등장했지만 안타깝게도 곳곳에서 문화적, 정치적, 정신적 변화가 경제적 성장을 뒤따르지 못하는 문화 지체 현상을 마주해야 했다. 문제는 경제 성장과 더불어 중국이 다른 국가와 교류하는 일이 증가하면서 문화 지체 현상으로 갈등을 겪는 일도 많아졌다는 점이다.

문화 지체 현상은 내부에서는 크게 문제가 되지 않는다. 문제는 외부 세계와 만났을 때 일어난다. 오늘날 중국은 급격한 경제 성장을 이루며 경제 대국의 면모를 갖췄지만, 생활 방식이나 문화 등 여러 부분이 경제적 성장을 따라가지 못해 다른 나라들과 불협화음을 내고 있는 것이 사실이다. 그럼에도 불구하고 '이러한 일로 중국, 중국인에 대한 혐오가 합리화될 수 있는가?' 하는 의문점은 남는다. 문화 지체 현상으로 인해 다른 나라 사람들과 마찰이 생긴다고 해서 혐오에 당위성이 부여되는 것은 아니다. 문화 지체 현상이 많은 문제를 일으키는 것은 사실이다. 하지만 그것은 그야말로 '문화 지체' 현상이자 고쳐야 할 문제이지 혐오를 통한 배척거리가 되어서는 안 된다.

시노포비아는 COVID-19를 통해 더욱 확산되었다.[*] 그런데 중국은 COVID-19 이전에 이미 사스 등을 통해 감염병의 발생지로 낙인 찍힌 경험이 있었다. 중국에서 발생한 감염병의 원인이 전통시장 등의 비위생적인 환경과 야생동물을 섭취하기도 하는 중국인 특유의 식문화인 것으로 알려지며 시노포비아는 더욱 양산되었다. 중국 우한시장에서 발생했다는 COVID-19도 이곳에서 식재료로 거래되고 있는 박쥐 등의 야생동물이 원인으로 지목되었고, 이런 상황과 결합하면서 시노포비아는 걷잡을 수 없이 확산했다. 때로는 감염병과 직접적인 관련이 없는 중국인의 개인 위생 관념이 문제가 되기도 했다. 이러한 상황에서 감염병과 무관한 문화 지체 현상까지 덧씌워진 것이다.

전 세계에서 중국을 향한 비난과 조롱이 터져나왔고 중국인의 자국 입국을 금지하는 국가 또한 잇따라 생겨났다. 중국인 입국을 금지하지 않은 국가에서는 중국인 입국을 금지해야 한다는 요구가 빗발쳤다. 시노포비아는 자국 거주 중국인의 해외 입국뿐만 아니라 이미 각 나라에 퍼져 살고 있는 중국인에게도 영향을 미쳤다. COVID-19 발생과 무관한 중국인들까지 혐오의 대상이 된 것

✦　우리나라도 곳곳에서 중국인 혐오 정서가 드러났다. 일부 온라인 커뮤니티에서는 중국 불매 운동을 의미하는 '노 차이나No China' 로고가 등장했다. 중국 오성홍기가 담긴 이 그림에는 '죽기 싫습니다' '받기 싫습니다'라는 문구가 병기되어 있다. 서울 중구 소재 한 식당은 입구에 한자로 '중국인 출입금지'라는 안내문을 써 붙였다. 해당 식당은 중국어 메뉴를 따로 구비해놓을 정도로 평소 중국인들이 자주 찾던 곳으로 알려졌다. 인종차별 논란이 일자 식당 측은 하루 만에 해당 문구를 떼는 것으로 상황을 마무리했다. 하지만 무조건적으로 중국인을 배척하는 현상은 한동안 계속될 것으로 보인다. 30일 뉴스1 보도에 따르면 한 해 100만 중국인 관광객이 드나드는 제주에서도 식당과 찜질방 등지에서 중국인 입장 불가를 알리는 안내문이 나붙기 시작했다. 안내문을 붙인 한 식당 주인 A씨는 "손님들을 지키기 위해 내가 할 수 있는 선에서 조치를 취한 것일 뿐"이라며 "사태가 안정될 때까지 안내문을 떼지 않겠다"고 말했다고 해당 기사는 밝혔다.─〈BBC NEWS 코리아〉 2020. 1. 30.

이다. 중국과 중국인에 대한 혐오는 동양인 전체에 대한 혐오로 확대되어 제노포비아로 이어지기도 했다. 특이한 점은 동양인에 대한 혐오가 동양 밖에서 이루어진 데 반해 중국, 중국인에 대한 혐오는 같은 동양권 내에서도 심각하게 나타났다는 것이다.

우리나라도 예외가 아니었다. COVID-19가 아니어도 이미 우리나라에는 중국, 중국인, 중국동포에 대한 혐오가 넓게 퍼져 있었다. 국내에 거주 중인 중국인과 중국동포를 혐오의 대상으로 바라본 것은 어제오늘의 문제가 아니다. 중국인이나 중국동포를 "살인, 장기 밀매, 보이스피싱, 폭행 같은 범죄의 온상"[77]으로 생각하는 경우도 적지 않았다. 그러나 중국인이나 중국동포의 실제 범죄율은 우리나라 사람들에 비해 높지 않다.* 중국과 중국동포에 대한 혐오는 그것이 "일반화의 오류임에도 불구하고 완고하고 강력하게 작동"[78]했으며, COVID-19로 인해 더욱 악화되었다.

우리나라를 포함한 세계 각국의 시노포비아는 중국의 문화 지체 현상으로부터 비롯된 측면이 크다. 그러나 문화 지체 현상을 혐오의 방법으로 대응하는 것은 잘못된 태도이다. 뿐만 아니라 문화지체와 관련된 중국의 상황이 COVID-19를 발생시켰다는 근거역시 불분명하다. 설령 COVID-19가 중국에서 발생했다고 하더라도 그것을 미필적 고의로 보기엔 무리가 있다. 그럼에도 불구하고 많은 이들이 COVID-19를 중국의 식습관, 위생상태와 연결 지으며 미필적 고의라는 의견을 정당화한다.

정당하고 합리적인 비판은 얼마든지 필요하지만 혐오는 곤란하다. 혐오는 비이성적 판단과 적대감을 근간으로 한다. 서양이 동양을 혐오의 대상으로 여기는 것을 비판하면서 우리가 중국을 혐오의 대상으로 삼는 것은 이율배반적이다. 시노포비아를 포함한 제노포비아는 특정 민족이나 국가, 인종만의 문제가 아니다. 누구나 언제든 제노포비아의 피해자가 될 수 있다. 물론 반대로 누구든 제노포비아의 가해자가 될 수도 있다.

---

✦ 외국인 범죄는 사람들의 우려만큼 심각하지 않다. 지난 5년간 외국인의 전체 범죄율은 내국인의 2분의 1 수준에 못 미친다. 외국인은 범죄 가능성이 높은 연령층인 청장년층의 비율이 내국인보다 훨씬 높다는 사실을 고려해보면, 내·외국인 간 범죄율의 격차는 더 커질 것이다. 다만 살인과 강도 범죄는 외국인 범죄율이 내국인보다 높아 집중적인 관심이 요구된다. 또한 범죄 유형별로 차이가 있기는 하지만, 2014년 이후 외국인 범죄의 증가 속도는 체류 외국인의 증가 속도와 거의 비슷한 수준을 유지하며 안정화 추세를 보인다. 마지막으로 범죄자의 이미지가 강하게 각인된 중국인(한국계 중국인 포함)의 범죄율은 외국인 중 가장 높지 않으며 내국인의 2분의 1 수준이다.
—〈한국일보〉 2019. 10. 25.

2016년 이민정책연구원 통계를 보면 실제 중국 국적자를 포함한 외국인 범죄율이 내국인 범죄율보다 오히려 낮다. (대림동을 중국인, 중국동포 범죄 장소로 표현한) 영화 '청년경찰' 개봉 직전인 2017년 상반기 대림동을 관할하는 영등포경찰서는 치안종합성과평가에서 '최우수등급'을 받았고, 2015년 중국동포를 포함해 국내 중국 국적자 범죄율은 3.2%로 내국인 범죄율 3.8%보다 낮았다. 영화 '청년경찰'과 이번 신종 코로나 사태에서 나타난 대림동 혐오는 근거 없는 허위정보로 판단할 수 있다.
—〈미디어오늘〉 2020. 2. 5.(괄호 필자)

# 제노포비아와

## 집단의 상대성

제노포비아는 '낯선 사람'이라는 의미의 그리스어 '제노스Xenos'와 '공포'라는 뜻을 가진 '포비아Phobia'가 결합한 말이다. 이 말은 '낯선 사람 또는 낯선 것에 대한 두려움'이나 '다른 민족에 대한 두려움과 혐오'를 가리키는데, 일반적으로는 '다른 문화권에서 온 외국인에 대한 혐오'를 의미한다. 앞에서 말한 시노포비아 역시 제노포비아의 한 가지다.

흔히 "인종차별과 혼용되기도 하지만 인종차별이 피부색 등 외적 차이에서 나타나는 것인 데 비해, 제노포비아는 지역, 문화 등에서 나오는 이념과 정서적인 차이에 대한 반감"[79]이다. 그러나 인종차별과 제노포비아를 분리해서 생각할 수는 없다. 인종차별이 종종 제노포비아를 동반하기 때문이다. 이를테면 백인들의 유색인종에 대한 차별이 단순한 차별적 행위에 그치지 않고 혐오로까지 이어지는 것이 그렇다.

　제노포비아는 특정 인종이나 민족 등에 의해서만 자행되지 않는다. 제노포비아의 가해 집단과 피해 집단은 다채롭게 나타난다. 때에 따라서는 피해 집단이 가해 집단이 되기도 하고 반대로 가해 집단이 피해 집단이 되기도 한다. 제노포비아가 집단의 상대성에 의해 작동하기 때문이다.

　제노포비아는 대체로 경제적, 문화적 우위에 있는 집단에서 그렇지 않은 집단으로 나타난다. 선진국에서 후진국으로, 잘사는 국가에서 그렇지 못한 국가로 향하는 식이다. 인종적 편견이 제노포비아와 맞물릴 때도 있는데, 이는 대체로 피부색과 연관된다. 백인이 유색인종을 혐오하기도 하며, 같은 유색인종 사이에서도 피부색에 따라 제노포비아가 나타나기도 한다. 물론 피부색으로 인한 제노포비아가 언제나 이런 방식을 띠는 것은 아니다. 때로 제노포비아는 인종 사이의 이해관계, 경제적 사회적 관계에 따라 피부 밝기와 무관하게 그 실체를 드러낸다. 1992년에 발생한 LA폭동이 그렇다. LA폭동은 백인 경찰들이 흑인인 로드니 킹을 집단 구타한 사건이 발단이 되었지만 이내 한인을 대상으로 한 흑인들의 폭동으로 바뀌었다.

　LA폭동의 가장 큰 피해자는 한인이었다. 한인들은 백인 경찰의 흑인 폭행 사건과 아무 관련이 없음에도, 그동안 쌓인 흑인 사회

와의 갈등으로 인해 큰 피해를 입었다. 또한 미국 경찰은 흑인들의 분노가 백인 사회가 아닌 한인 사회로 향하는 것을 의도적으로 방치했다. 당시 언론은 로드니 킹 사건과 무관한 '두순자 사건'을 집중적으로 보도함으로 한인을 향한 흑인들의 분노를 부추겼다. 미국의 여러 방송국은 1년 전에 발생한 사건인, 흑인 소녀 나타샤 할린즈가 한인인 두순자에게 총을 맞는 장면을 반복적으로 방영했다. 또한 미국 경찰은 흑인 거주지와 이웃한 한인타운을 방치하고 백인 거주지를 중심으로 경찰력을 배치하기도 했다. 경찰의 이런 태도는 백인을 향한 흑인들의 분노를 한인들에게 돌린 것이라고 보아도 무방하다.

제노포비아의 극단적인 형태는 제노사이드이다. 제노사이드는 '인종'을 의미하는 그리스어 '제노스xenos'와 '살인'을 나타내는 '사이드cide'가 결합한 단어로서 주로 '집단 학살'로 번역된다. 1994년 법률학자인 라파엘 램킨이 집단 학살을 범죄 행위로 국제법에 규정할 것을 제안하며 사용되기 시작했다. 제노사이드의 대표적인 사례로는 천만 명을 학살한 나치의 유대인 말살 정책과 2천만 명의 정적을 학살한 러시아 공산 혁명기의 숙청을 들 수 있다. 이밖에 캄보디아의 킬링필드, 코소보의 인종청소 등이 제노사이드에 해당하며, 이스라엘의 팔레스타인 탄압과 학살은 현재 진행형이기도 하다. 제노사이드는 빈번하게 일어나지는 않지만 일단 발생하면 피해 규모가 엄청나다는 점에서 많은 문제점을 지닌다. 이에 비해 제노포비아는 오늘날에도 전 세계 여러 곳에서 일상적으로 발생하고 있다.

우리나라 사람들 역시 제노포비아의 피해 집단이 되기도, 반대로 가해 집단이 되기도 한다.✦ 대표적인 것이 중국인과 중국교포에 대한 혐오이다. 중국뿐만 아니라 동남아시아 국가 사람들에 대해서도 노골적으로 제노포비아를 드러내는 사람들이 많은데, 이들을 향한 혐오는 주로 경제적 문제와 깊은 연관을 맺고 있다. 즉

<hr />

✦ 해외에서 벌어지는 동아시아인 혐오에서 한국인도 예외는 아니다. 영국 일간지 가디언은 27일 영국 내에서 번지고 있는 동아시아에 대한 차별을 다룬 기고를 게재했다. 아시아계 영국시민권자로 자신을 소개한 필자는 공공장소에서 자신을 피하거나 중국인을 혐오하는 식의 대화가 공공연하게 벌어지는 상황을 고발했다. 그러면서 차별주의자들이 "우리가 영국인일 수 있고, 중국 내 영향권이 아닌 지역에서 왔을 수 있으며, 중국계여도 다른 나라 출신일 수 있음을 고려하지 않은 채 동아시아인을 한데 묶고 있다"고 꼬집었다. 30일 현재 해외 한인커뮤니티와 트위터에서도 신종 코로나바이러스 때문에 동아시아인으로서 인종 차별을 당할까 두렵다는 글이 올라오고 있다. 트위터 사용자 yu******는 "파리에 있는 언니가 심한 인종차별로 힘들어하고 있다. 지하철에 탄 언니를 보고 타지 않는다든지, 음식을 사려고 줄을 서면 째려보며 피한다든지. 이때다 싶어 동양인을 몰아세운다"는 트윗을 올렸다.

이밖에도 "코로나 바이러스때문에 여행 취소하게 생겼다"(gh****) "처음으로 유럽 가는데 코로나 때문에 동양인 차별이 더 심해질 것 같다"(jj******)와 같은 글도 확인된다. 전문가들은 특정 집단을 합리적 이유 없이 차별하는 것은 바이러스 확산을 막는 데 아무런 도움이 되지 않는다고 입을 모은다. 고려대 보건과학대 김승섭 교수는 자신의 페이스북에 "혐오는 과학을 무용지물로 만들고 상황을 악화시킨다"고 지적했다. 홍성수 숙명여대 법학과 교수도 BBC에 "특정 집단에 부당한 피해를 준다는 것도 문제지만, 전염병의 경우 차별과 혐오로 이들을 숨게 하기보다 양성화시켜 적극적으로 치료받게 하는 것이 보건상 더 유리하다"고 말했다. 그는 또 국내 중국인 차별이 노골화하는 상황에 대해 "차별금지에 대한 사회적 합의 수준이 낮다는 점을 보여준다"며 "공적 영역뿐 아니라 사적 영역에서도 부당하게 사람을 차별해선 안 된다는 차별금지법과 같은 공적 선언이 필요하다"고 강조했다.─〈BBC NEWS 코리아〉 2020. 1. 30.

우리보다 못사는 국가에 대한 우월의식으로부터 비롯된 경우가 많다는 말이다. 이런 우월의식은 상대를 무시하는 형태로 나타나며, 더 나아가 혐오와 배척, 폭력으로 확대된다.

팬데믹 역시 제노포비아를 불러일으킨다. COVID-19 발생 이후 동양인에 대한 혐오가 눈에 띄게 증가✦했는데 집중적인 타깃은 중국인이었다. COVID-19 이전에 발생한 사스도 발생 지역과 연관되어 시노포비아를 동반했다. 당시에도 중국과 중국인에 대한 혐

✦ 30일 현재 중국에서 확인된 신종 코로나 바이러스 확진자는 7,700여 명. 사망자는 170명이다. 또 인근 국가인 한국(4명), 일본(11명)을 비롯해 호주(7명), 미국(5명), 독일(4명) 등 세계 전역에서 확진자가 발생하고 있다. 이에 신종 바이러스 감염 우려가 심해지면서, 유럽과 캐나다 등지에서는 동아시아인에 대한 인종차별 사례가 줄이어 보고되고 있다. 현재 다섯 명이 확진 판정을 받은 프랑스에서는 지역신문인 르 쿠리에 피카르le Courier Picard가 마스크를 쓴 중국 여성의 이미지와 함께 "누런둥이주의Alerte Jaune"라는 문구를 1면 헤드라인으로 실어 분노를 샀다. 이 신문은 바로 사과하고 "아시아인에 대한 고정관념"을 보여줄 의도는 없었다고 해명했다. 하지만 인종차별과 반유대주의를 반대하는 국제연맹LICRA의 스테판 니벳 대표는 어떤 신문도 "흑인주의"라는 헤드라인을 쓰려고 하지는 않을 것이라며 비판했다. 대중교통 이용 중에 차별을 받았다는 증언도 줄을 잇는다. 프랑스 트위터에서 벌어지고 있는 #JeNeSuisPasUnVirus(저는 바이러스가 아닙니다) 해시태그 운동에 동참한 캐시 트란은 일터로 가는 길에 두 남성에게서 "조심해, 중국 여자애가 우리 쪽으로 오고 있어"라는 말을 들었다. 그는 BBC에 "일터에서 집으로 오는 길에 스쿠터를 탄 남자에게 마스크를 쓰라는 말을 듣기도 했다"고 전했다. 중국인만 타깃이 되는 것은 아니다. 베트남과 캄보디아계인 샤나 쳉(17)은 파리 시내버스에서 "저 중국 여자가 우리를 오염시킬 거다. 자기 나라로 가야 하는 것 아니냐"는 말을 들었다고 했다. 쳉은 사람들이 자신을 바이러스 보듯 하는데도 아무도 도와주지 않았다고 억울함을 호소했다. 캐시 트란은 사람들의 반응이 놀랍지 않다는 반응이다. 그는 코로나 바이러스를 인종차별주의를 위한 변명으로 보고 있다. 다만 차이가 있다면 과거에 경험한 어떤 인종차별보다 상황이 심각하다는 점이다. "아시아인이 인종차별에 대해 말하는 것은 흔치 않아요. 우린 조용히 고통받고 있다고 알려져 있죠. 하지만 지금 우리는 모두 같은 처지에 놓여 있고, 그 정도가 너무 심합니다."―〈BBC NEWS 코리아〉 2020. 1. 30.

오가 잇따랐고, 해외에 거주하는 중국인을 대상으로 한 혐오도 상당히 많이 발생했다. 1989년 중국에서 캐나다로 이주한 데이비드 샤오는 COVID-19가 발생한 이후 "동료들로부터 집으로 돌아가라. 그리고 바이러스를 퍼트리는 것을 중단하라는 조롱"[80]을 받았는데, 그는 2003년 사스가 발생했을 당시에도 동료들로부터 "돌아가라. 고향으로"[81]라는 말을 들었다고 한다. 이것은 샤오에게만 국한한 사건이 아니다. 팬데믹이 발생할 때마다 SNS에 "중국인들은 '더럽고 깨끗하지 않다'고 표기한"[82] 게시물이 수없이 등장하는 것도 같은 맥락으로 볼 수 있다. 팬데믹은 이처럼 특정 지역과 민족, 국가에 대한 혐오를 전면에 내세우며 제노포비아를 당연시한다.

팬데믹 상황에 제노포비아가 발생하는 가장 큰 이유는 질병이 시작된 지역에 대한 의구심 때문이다. 그러나 특정 지역이나 국가에서 감염병이 발생했다는 것이 곧 해당 국가나 민족 자체에 문제가 있다는 것을 의미하지는 않는다. 설령 그러한 것이 감염병의 원인이라고 하더라도 제노포비아에 당위를 부여해서는 안 된다. 더구나 팬데믹으로 인한 제노포비아는 감염병과 관련된 혐오를 넘어 국가와 민족, 인종의 모든 삶과 세계로 확대된다. 그렇게 될 때 혐오는 더 이상 감염병의 문제에 머물지 않는다. 이때부터 혐오의 대상은 온전한 인격체로 인정받지 못하며, 그들의 역사, 문화, 사회, 예술도 철저히 부정당하고 만다.

팬데믹으로 인한 제노포비아는 그동안 중국이 발생지의 다수를 차지한 탓에 대부분 오리엔탈리즘의 양상으로 전개되었다. 서양의 오리엔탈리즘을 팬데믹에 투영시켜 바라볼 때 동양은 너무나 간단하게 '야만'의 세계로 전락하였다. 이렇게 팬데믹은 서양의 우월의식을 입증하는 중요한 근거가 되었고, 팬데믹과 오리엔탈리즘은 서로에게 영향을 주며 혐오를 극대화하였다.

# 팬데믹 아포칼립스;

## 영화 〈컨테이젼〉과 〈감기〉

세계가 종말의 위기에 처한다고 가정했을 때 어떤 시나리오가 가장 현실성이 있을까? 아마도 많은 사람들이 핵전쟁과 감염병을 꼽을 것이다. 때문에 핵전쟁과 감염병은 세계 종말과 관련된 영화에서 흔하게 다루는 소재이기도 하다. 이처럼 세계 종말이나 인류 멸망 등을 다룬 예술 장르를 '포스트 아포칼립스'라고 한다. 사이언스 픽션SF과 사이언스 판타지의 일종인 포스트 아포칼립스는 핵전쟁과 감염병 이외에도 좀비, 외계인, 기후 위기 등을 주요 소재로 한다. 포스트 아포칼립스 중에서 감염병을 다룬 장르를 '팬데믹 아포칼립스'라고 한다. 포스트 아포칼립스는 소설이나 영화적 상상력으로 치부될 수도 있지만 일부 소재는 충분히 현실화될 수 있다는 점에서 눈여겨볼 필요가 있다.

포스트 아포칼립스의 주요 소재 중에서 좀비와 외계인에 의한 종말은 실현 가능성이 희박하지만 핵전쟁, 감염병, 기후 위기 등은 이미 세계 곳곳에서 여러 양상으로 드러나고 있다. 특히 핵전쟁과 감염병은 인류 멸망이나 세계 종말을 불러올 가장 현실적이고도 치명적인 위험이라 할 수 있다. 이중 핵전쟁의 위력은 기존 무기의 파괴력과 살상 능력을 압도한다는 점에서 무시무시하지만, 아이러니하게도 핵무기가 지닌 고도의 위험성은 인류의 의지에 따라 오히려 전쟁 억지력이라는 결과로 이어지기도 한다. 하지만 감염병은 예측이 어렵고 인류의 의지와 무관하게 나타나며 변이를 거듭한다는 점에서 핵전쟁보다 더욱 치명적일 수 있다.

감염병은 지속적으로 여러 영화의 소재로 사용되어왔다. 〈12몽키즈〉, 〈감기〉, 〈눈먼 자들의 도시〉, 〈둠스데이〉, 〈블레임: 인류멸망 2011〉, 〈아웃 브레이크〉, 〈엘리 엘리 라마 사박다니〉, 〈잇 컴스 앳 나잇〉, 〈연가시〉, 〈제5침공〉, 〈컨테이젼〉, 〈팬데믹〉, 〈혹성탈출 리부트 시리즈〉 등이 감염병을 다룬 대표적인 영화이다. 이외에도 애니메이션, TV 드라마, 소설, 게임 등 다양한 분야에서 감염병을 소재로 한 작품들을 다룬 바 있다. 이를 통해 실제적이고 치명적인 상황을 통해 드라마틱한 전개를 펼칠 수 있을 뿐만 아니라 대중의 관심을 환기할 수 있기 때문이다.

하지만 영화 속 이야기를 극단적인 과장으로 받아들이는 시선도 적지 않다. 그간 인류가 경험했던 팬데믹이 역사 속으로 사라져

● 영화 〈컨테이젼〉(2011)과 〈감기〉(2013) 포스터

망각된 탓도 있고, 팬데믹이 발생할 가능성을 그야말로 '가능성'으로 치부하는 태도 때문이기도 하다. 현실화될 가능성과 '나의 현실'을 전혀 다른 것으로 인식한 채 영화적 상상력과 허구로만 받아들이는 것이다.

위에서 언급한 영화 가운데 〈컨테이젼〉과 〈감기〉는 COVID-19를 떠올리게 한다는 점에서 최근 다시 회자되고 있다. 개봉 당시만 하더라도 이것이 우리가 맞닥뜨릴 현실이라고 생각하는 이들은 많지 않았다. 그러나 COVID-19 이후에 많은 사람들이 영화 속 내용을 현실의 연장선처럼 받아들이게 되었다. 영화에 나타난 병증은 COVID-19보다 훨씬 강력했지만 그것 역시 언제든 일어날 수 있는 일이라고 인식하기에 이른 것이다.

〈컨테이전〉과 〈감기〉를 통해 우리가 생각해볼 문제는 더 있다. 두 영화가 감염병을 다루는 방식이 오리엔탈리즘과 연관이 있다는 점이다. 미국 영화인 〈컨테이전〉은 서양의 입장에서 감염병의 발생지로 홍콩을 지목하는데, 이때 홍콩은 전반적으로 비위생적인 환경 속에 있는 공간으로 그려진다. 더 큰 문제는 이런 시선이 단순히 특정 공간을 그리는 데 그치지 않고 동양권 삶 전반의 미개성을 확대 재생산한다는 것이다. 물론 〈컨테이전〉을 끌고 가는 주된 서사가 감염병의 위험과 해결이므로 오리엔탈리즘이 전면에 부각되지는 않는다. 하지만 감염병의 원인과 관련해서는 오리엔탈리즘이 전제되어 있기 때문에 동양에 대한 편견이 관객의 무의식을 쉽게 파고든다.

〈컨테이전〉은 동양의 이국적 풍경을 부정적으로 소비한다. 카메라 앵글은 홍콩의 시장과 식당, 거리의 더러운 모습을 포착하며 아시아의 미개함을 실재화한다. 그렇다면 〈컨테이전〉에 등장한 이미지처럼 동양은 정말로 더럽고 미개한 세계일까? 당연히 문제는 고착화된 서양인의 시선과 인식이지 동양이 아니다. 하지만 스크린 위에 펼쳐진 이미지는 그 자체로 하나의 의미가 된다. 의도된 것이든 아니든, 의식화된 것이든 무의식의 산물이든 상관없이 영화 속 이미지는 의미화되며 사람들의 의식을 장악한다. 그리고 사람들의 의식을 장악한 이미지는 스스로 진실이 되기에 이른다.

우리나라 영화 〈감기〉도 마찬가지다. 〈감기〉는 감염병의 원인으로 홍콩을 경유하여 밀입국한 필리핀 불법 체류자를 설정했다. 감염원을 필리핀인으로 설정한 것에서부터 우리 안의 오리엔탈리즘이 드러난다.

감염병을 빈곤이나 경제적 약소국과 동일시하는 것은 오리엔탈리즘에서 나타나는 전형적 태도이다. 여기서 빈곤은 단순히 경제적 차이만을 의미하지 않는다. 이것으로 민족과 국가의 우열이 나뉘지고, 심지어 경제적 열세에 놓인 이들은 열등하고 미개한 존재로까지 치부된다. 물론 영화의 개연성을 위한 단순 설정일 수도 있지만, 이런 설정이 경제적 약소국에 대한 편견을 강화하는 것은 분명하다. 〈감기〉의 사례에서 볼 수 있듯 오리엔탈리즘은 같은 동양권 국가나 민족 사이에서도 유사하게 작동한다.

〈컨테이전〉과 〈감기〉는 오리엔탈리즘이 우리 안에 얼마나 깊숙이 내재되어 있는지를 보여준다. 서양의 관점에서 아시아는 비문명의 세계이며, 그곳에서 감염병이 발생하는 것은 자연스러운 일이다. 뿐만 아니라 동양권 내에서도 감염병과 빈곤을 동일시하며 경제적 약자를 타자화하는 일이 빈번하게 벌어진다. 오리엔탈리즘을 부각시키려는 의도를 노골적으로 표면화하지는 않았지만 영화에 담긴 차별과 편견, 오만과 혐오의 태도는 명백하다.

편견 속에 만들어진 영화 속 오리엔탈리즘은 자연스럽게 영화의 서사가 되고, 관객들은 영화에 나타난 오리엔탈리즘을 아무렇지도 않게 받아들인다. 그것은 마치 오래전부터 그래왔던 것처럼 자연스럽게 펼쳐지고 수용된다. 그리하여 서양인과 동양인 모두 오리엔탈리즘을 아무 문제의식 없이 받아들이며 기정사실화한다.

# 우리 안의

## 오리엔탈리즘이라는

## 부메랑

       우리는 언제나 오리엔탈리즘의 대상으로만 존재하는가? 우리가 다른 민족이나 국가를 오리엔탈리즘의 관점으로 바라본 적은 없는가? 오리엔탈리즘은 서양에 의해 왜곡된 동양을 의미하지만, 앞에서 다루었듯 같은 동양권 민족이나 국가 사이에서도 빈번히 나타난다. 동양권 내에서의 오리엔탈리즘은 주로 경제적으로 우위에 있는 민족이나 국가에서 경제적으로 열악한 상황에 놓인 민족이나 국가를 향한다. 경제적인 이유가 아니더라도 국력의 우열에 따라 나타나기도 한다. 우리도 예외는 아니다. 『우리 안의 오리엔탈리즘』의 저자 이옥순은 "왜 우리는 인도를 지배한 영국의 헤게모니적 시선과 인식을 공유하며 인도를 우리의 타자로 대상화하는가"[83]라고 문제 제기하며 왜 "같은 동양에 자리한 인도를 우리의 '동양'으로 동양화하는가"[84]라는 질문을 던진다.

그는 일제 강점기의 "아픈 경험을 잠정적인 답"[85]으로 제시하며, 일제 강점기를 경험한 우리에게 인도는 지우고 싶은 기억 자체로 다가온다고 주장한다. 그리하여 우리가 "서양이 구성한 인도, 인도에 대한 영국의 식민담론을 비판 없이 차용하고 복제하여 우리보다 발전하지 못한 인도를 우리의 '동양'과 타자로 바라보며 한때 막강한 힘을 가졌던 대영제국의 공범이 되어 심리적 보상"[86]을 얻고자 한다는 것이다.

인도는 우리와 마찬가지로 식민 지배의 역사를 가지고 있다. 하지만 이옥순의 지적처럼, 우리는 식민 지배라는 공통된 경험을 통해 인도와 동질감을 느끼기보다 오히려 구분되기를 원한다. 인도에 대해 상대적 우월감을 획득함으로써 우리를 서양과 동일한 지점에 놓고 싶어 한다. 여기에는 경제적 문제도 작지 않게 작동한다. 경제적으로 풍요롭지 못한 인도를 타자화함으로써 구별되기를 원하는 것처럼 가난한 세계와의 결별을 통해 우월함의 세계로 나아갈 수 있다고 믿는 것이다.

이때 우리가 도달하고자 하는 세계는 서양이다. 동양과 동양인이라는 자의식을 지니고 있고, 한국인이라는 자부심을 가지고 있는 것과 별개로 서양과 우리를 동일시하려고 한다. 이런 이중적 태도를 통해 우리 스스로를 서양과 어깨를 견줄 만한 동양으로 인식함과 동시에 다른 동양권 국가와 구분되기를 원한다. 이 얼마나 유치한 생각인가. 이로써 우리는 스스로 동양과 서양을 우열 관계로 파악하고 있음을 인정하고, 서양을 동경하는 마음을 노골적으로 드러낸다.

우리보다 못사는 민족과 국가를 배척하고 타자화하는 태도는 인도 외에 다른 나라를 대할 때도 나타난다. 중국과 중국인 혐오가 대표적인 예이다. 중국에 대한 타자화는 인도처럼 식민 지배와 연관된 것은 아니지만 경제적 문제가 요인이라는 점은 동일하다. 과거부터 오늘에 이르기까지 강대국의 위치에 있는 중국이지만, 우리는 정치적, 문화적 상황 등을 이유로 중국을 타자화한다. 오늘날 중국이 경제적, 군사적 대국이 되었음에도 불구하고 이러한 태도에는 큰 변화가 없다. 경제적, 군사적으로 강대국이지만 우리는 정치적, 문화적 낙후성을 지적하며 그들을 타자화한다. 경제적인 측면에서도 그렇다. 국가의 성장이나 부유층이 많은 것과 별개로 상당수 국민의 소득이 낮다는 점에서 그들을 우리와 구분하고 싶어 한다.

이외에 동남아시아인들을 타자화하며 배척하고 무시하는 태도도 흔히 볼 수 있다. 특히 동남아시아 국가는 중국과 비교할 수 없을 정도로 경제적으로나 군사적으로 열세에 놓여 있기 때문에 애초에 우리의 경쟁 상대가 되지 않는다고 생각한다. 동남아시아 국가나 국민을 대하는 우리의 태도는 동양을 열등한 세계로 파악한 서양인들의 인식과 유사하다. 그런데 여기에도 예외가 있다. 동남아시아 국가들 중 싱가포르에 대한 인식은 여타 동남아시아 국가들과 다르다. 대만에 대한 인식 역시 다른 동남아시아 국가들과 차이가 있다. 싱가포르와 대만의 공통점은 경제적 성장을 이루었다는 점이다.

이렇듯 우리 안에 자리하고 있는 오리엔탈리즘은 상당 부분 경제적 우월감으로부터 비롯된다. 경제적 우월감은 대개 문화적, 정치적 우월감으로 연결되며, 심한 경우 민족적 우월의식으로도 이어진다. 모두가 그런 것은 아니지만 경제적인 풍요로움만으로 우월감을 갖고 상대방을 멸시하는 사람들이 종종 있다. 이처럼 오리엔탈리즘은 동양권 안에서도 다양한 양상으로 나타난다. 물론 이것은 우리만의 문제는 아니다. 다른 아시아 국가와 국민 역시 각각의 입장에 따라 다양한 형태의 오리엔탈리즘을 드러낸다. 같은 동양권 민족과 국가에서 왜 이런 일이 발생하는 것일까?

서양은 오리엔탈리즘을 통해 동양을 문명이 닿지 않은 미개한 세계로 파악했다. 그런 인식이 오랜 기간 이어지면서 오리엔탈리즘은 동양인들에게도 내재화되어 자신이 속한 동양을 서양의 관점으로 바라보게 되었다. 이런 과정을 통해 부지불식간에 동양인에게 내재화된 오리엔탈리즘은 대개 자신이 속한 민족과 국가가 아닌 다른 민족과 국가를 향했다. 그리고 그 상대는 대부분 자신이 속한 집단보다 경제적으로 열악한 상태에 있는 나라나 민족이었다.

같은 동양권 안에서의 오리엔탈리즘은 COVID-19를 통해서도 드러났다. 앞서 언급한 것처럼 COVID-19 사태 이후 동양인 혐오 범죄가 증가했다는 사실은 통계로 증명된 바 있다.

COVID-19는 중국 우한 지역에서 처음 발생하여 초기에는 우한 바이러스로 불렸다. 그러다 특정 국가와 지역에 대한 혐오를 조장한다는 이유로 COVID-19로 이름이 바뀌었다. COVID-19는 처음 발생한 중국 우한 지역이 집중 조명을 받으면서 중국인 혐오 양상으로 전개되었고, 중국인에 대한 혐오는 그동안 중국에 대해 가지고 있던 '무질서, 비위생적 환경, 식습관' 등의 편견과 결합하며 급속도로 번져갔다. 급기야 적지 않은 국가가 중국인 입국에 제한을 두거나 중국과의 항공편을 제한하는 초강력 조치를 취하기에 이르렀다. 미국, 이란, 러시아 등이 처음 중국인 입국을 제한하였고 점차 중국 이외 국가 국민의 입국까지 제한했다. 우리나라에서도 중국인 입국을 제한해야 한다는 여론이 일어났으며 한때 중국인의 제주도 무사증 입국이 중단되기도 했다.

중국과 중국인에 대한 우리의 혐오는 COVID-19가 아니어도 역사가 깊다. 이런 가운데 중국에서 COVID-19가 발생했고 중국, 중국인에 대한 우리나라 사람들의 혐오가 더욱 깊어진 것이다. 우리는 중국과 구별됨으로써 감염병으로 인한 오리엔탈리즘의 대상으로 지목되지 않기를 바랐다. 이것은 단순히 감염병과의 무관함을 주장하는 것이 아니었다. 이런 심리의 바탕에는 비문명적 세계와 분리되는 것에 대한 바람이 전제되어 있었다. 중국과 분리되어 더 문명화된 세계로 편입되기를 희망한 것이다.

이는 동양권 안에서 나타나는 오리엔탈리즘의 속성과 닮아 있다. 동양권 국가가 다른 동양권 국가에 대해 갖는 오리엔탈리즘에는 동양권의 특성과 분리되고 서양권 국가와 동일시되고 싶은 갈망이 담겨 있다. 동양권 국가임에도 불구하고 다른 동양권 국가와 "동일시되는 것에 대한 두려움이 서양과의 차이에서 오는 두려움보다 훨씬 크다"[87]. 동양을 열등하게 생각하고 서양을 선진 문명으로 받아들인 결과이다.

그러면 우리는 왜 이토록 서양을 선망하고 닮고 싶어 하는가?

동양인들이 가지고 있는 오리엔탈리즘을 동양인의 왜곡된 인식이나 문제로 몰아세울 수만은 없다. 우리는 여기서 '왜 그러한가'를 좀 더 면밀하게 파악해야 한다.

같은 동양권과 동일시되는 것에 거부감을 갖고 서양을 지향하는 것은 우리가 살고 있는 세상이 서양 중심 세계로 이루어진 탓이 크다. 근대 이후 우리의 삶을 둘러싼 대부분의 것들은 서양의 방식을 따르고 있다. 그리고 이것은 우리의 의식까지 장악한다. 이런 상황 속에서 우리는 서양 세계를 지향하고 도달해야 하는 긍정의 영역으로 인식한다. 그 가운데 자신이 속한 국가나 민족 이외의 동양을 배척하고 자연스럽게 서양에 대한 선망을 드러낸다. 물론 한류의 사례처럼 같은 동양권 나라를 선망하는 현상도 나타난다. 하지만 이때도 서양에 대한 선망은 별개의 문제이다. 같은 동양권 국가를 향한 선망이 서양에 대한 지향을 언제나 압도하는 것은 아니다.

동양인들 스스로가 가지고 있는 오리엔탈리즘의 또 다른 특징은 경제력과의 연관성이다. 노골적으로 무시하거나 혐오하지 않아도 우리의 무의식 속에는 경제적 약소국에 대한 폄하가 어느 정도 각인되어 있다. 사실 이것은 서양을 선망하는 심리에도 고스란히 적용된다. 서양을 갈망하는 데는 여러 가지 이유가 있지만 그중 가장 크게 작용하는 것은 상대적 우위에 있는 경제력이라고 할 수 있다. 국가나 지역 사이에 이루어지는 이주도 이와 비슷한 양상을 보인다.

오늘날 이주는 "농촌에서 도시로, 저소득 지역에서 고소득 지역으로, 후진국에서 선진국으로"[88] 이루어진다. 농촌에서 도시로 이동하는 것은 도시 문명과 근대성을 추구한 결과인데 이것은 서양을 갈망하는 모습과 유사하다. 후진국에서 선진국으로 이동하는 것 역시 그러한데, 선진국으로 분류된 국가 중 서양이 압도적으로 많다는 점에서 유사성을 찾을 수 있다. 특히 저소득 지역에서 고소득 지역으로 이주하는 모습은 경제적인 측면과 연관을 맺는 서양 지향성과 매우 비슷하다. 우리가 '다른 동양'에 대해 오리엔탈리즘을 갖는 까닭은 오리엔탈리즘의 낙인이 찍히지 않기를 바라는 방어기제라고 볼 수 있다.

서양 중심으로 재편된 세계사 속에서 동양은 주도권을 잃어버리고 말았다. 서양만이 유일한 세계의 중심처럼 인식되는 상황 속에서 동양은 스스로를 '버리는' 길을 택했다. 그리고 동양을 버리고 생겨난 빈자리에 서양을 채워넣기를 희망한다. 우리 안의 오리엔탈리즘은 나 외의 '다른 동양'만을 부정하는 것이 아니라 스스로를 부정하는 것이다. 스스로를 부정할 때 주체적인 '진짜 동양'을 찾는 일은 요원해진다. 이러한 자기부정은 자기혐오로 나아가게 되고, 결국 우리 안의 오리엔탈리즘은 스스로를 겨누는 화살이 되고 만다.

COVID-19의 한가운데서 우리 안의 오리엔탈리즘은 중국에 대한 강한 혐오를 만들었다. 우리는 COVID-19로 인한 차별과 혐오를 경험하면서도 그것을 그대로 중국인들에게 쏟아내고 있다. 그러면서 스스로 중국 또는 중국인과 같지 않음을 강조한다. 그러나 이런 식의 혐오와 배타는 결코 바람직한 태도가 아니다. 우리가 COVID-19를 대하는 방식은 오리엔탈리즘의 혐오와 같은 것이어서는 안 된다.

같은 동양인이 품는 시노포비아는 결국 스스로를 부정하는 일이다. 서양에 의한 동양 혐오에서 벗어나기 위해 '다른 동양'과 선을 긋고 그들을 혐오한다고 해서 오리엔탈리즘의 굴레를 벗어날 수 있는 것은 아니다. 그러한 행동은 부메랑이 되어 돌아와 우리를 더 큰 오리엔탈리즘 안에 가둘 것이다.

팬데믹 이후의
삶과 혐오

COVID-19는 전 세계에 커다란 상흔을 남겼다. 20세기와 21세기를 거치며 인류는 모두 세 차례의 팬데믹을 경험했지만 COVID-19가 야기한 혼란과 두려움은 이전의 감염병과는 비교할 수 없을 정도로 컸다. 특히 발생 초기의 공포는 어마어마했다. 감염 자체에 대한 두려움도 대단했지만 후유증과 죽음에 대한 공포는 모든 일상을 압도했다. COVID-19의 공포는 감염병의 병증으로부터 비롯되었지만, 우리를 그보다 더 큰 고통 속에 몰아넣은 것은 단절이었다. 국가와 지역 사이의 교류가 단절되었을 뿐만 아니라, 공적인 모임은 물론 사적인 만남까지 제한받았다. COVID-19는 사람 사이의 관계를 일거에 마비시키며 전 세계를 혼란에 빠트렸다. 이는 우리가 지난 세기에 겪었던 팬데믹을 포함해 역사적으로 유례가 없는 일이었다.

이런 상황 속에 인간 관계는 빠르게 온라인으로 옮겨갔다. 학교 교육이 대표적인 사례인데, 초등학교부터 대학교에 이르기까지 대부분의 교육 기관은 온라인으로 수업을 진행했고 이 기간은 상당히 오랫동안 지속되었다. 온라인으로 재편된 것은 학교뿐만이 아니었다. 직장과 모임, 학원, 회의는 물론이고 심지어 술자리까지 온라인상에서 이루어졌다. 당연히 만남에 대한 갈증과 스트레스가 상당히 컸지만, 우리는 재빠르게 현실에 익숙해져갔다. 하지만 결혼식과 장례식 등 온라인으로 대체하기 힘든 일들도 있기 마련이다. 특히 가까운 이의 죽음을 위무하지 못하는 고통은 씻을 수 없는 상처로 다가왔다.

COVID-19가 가져온 또 다른 고통은 경제적인 문제였다. 삶이 일거에 멈춘 상황은 생존의 문제와 맞물리며 견디기 힘든 경제적 고통으로 이어졌다. 그것은 어떤 면에서 감염병 자체보다 더 큰 두려움이었다. COVID-19가 기회가 된 이들도 있지만 그것은 극히 예외적인 사례였다. 시간이 흐를수록 경제적인 문제는 사람들을 더 큰 고통 속으로 몰아넣었다. 경제적 곤란이나 파탄은 상상하기 어려울 정도로 치명적이었다. COVID-19에 걸리느냐 안 걸리느냐에 상관없이 팬데믹 상황은 삶의 근간을 뿌리째 흔들었다. 경제적 파탄은 단순히 수입이 줄어드는 것만을 의미하지 않았다. 그것은 삶과 죽음이라는 절체절명의 순간이며 벼랑 끝의 절망이었다.

이러한 삶의 절박함은 때로 타인을 향한 분노로 드러났다. 감염병에 대한 두려움과 경제적 빈곤, 사회적 단절이 복합적으로 얽히며 파탄이 난 이들은 고통으로부터 비롯된 분노를 쏟아낼 대상을 찾아나섰다. 사람들은 감염병이 '나'를 포함한 우리가 아니라 '타자'로부터 비롯된 것이라는 굳은 믿음을 가지고 있었다. 발생 지역이 일찌감치 중국 우한시장으로 밝혀진 만큼 분노의 대상을 찾기란 어렵지 않았다. 이것은 그동안 쌓인 중국에 대한 혐오와 맞물리며 폭력 사태로까지 번졌고 이내 동양과 동양인 전체에 대한 혐오로 확대되었다. 하지만 동양과 동양인 혐오는 COVID-19라는 특수한 상황에 발생한 일회적이고 단편적인 현상이 아닌 오랜 세월 축적된 오리엔탈리즘의 연장선이었다. COVID-19는 서양인들의 의식과 무의식에 내재된 동양 혐오가 적나라하게 표출된 계기일 뿐이었다.

물론 모든 서양인이 동양을 혐오하는 것은 아니다. 하지만 오늘날도 오리엔탈리즘은 분명히 존재하며, 서양 사회 곳곳에 광범위하게 퍼져 있다. 오리엔탈리즘은 직접적인 혐오와 폭력의 형태를 띠기도 하지만, 서양 사회 전반에 우월적 태도로 내재되어 동양에 대한 시혜적 태도로 나타나기도 한다. 서양과 동양은 때로는 주류와 비주류의 관계처럼, 때로는 주종 관계처럼 보이기도 한다.

우리는, 혹은 누군가는 왜 혐오의 대상이 되어야 하는가? 오리엔탈리즘은 단순히 동양이나 동양인을 싫어하는 감정이 아니다. 오리엔탈리즘의 혐오는 동양의 모든 것을 폄하하고 부정하는 인식 위에 나타나는 결과물이며, 서양과 동양은 결코 동등할 수 없다는 생각의 발현이다. 따라서 우리는 더욱더 진지하게 오리엔탈리즘에 대해 고민해야 한다. 오리엔탈리즘에 대해 생각한다는 것은 차별과 편견, 비하와 혐오에 대한 진지한 성찰이자 좀더 나은 세상을 만들겠다는 의지의 표명이다. 특정한 인종, 국가, 민족이라는 이유로 누군가를 배제한다는 것은 얼마나 커다란 폭력인가. 단지 누군가와 다르다는 이유만으로 혐오의 대상으로 전락하는 일은 일어나선 안 된다.

이 책을 쓰는 내내 나의 마음에 담겨 여러 생각을 하게 만든 것이 있다. 내 안에 있을지 모를 오리엔탈리즘에 대한 고민과 반성이 바로 그것이다. 오리엔탈리즘을 비판하면서도 나 자신이 오리엔탈리즘의 가해자는 아닌지 고민스러웠다. COVID-19가 여전히 기승을 부리고 있는 상황 속에서 엔데믹Endemic이 논의되기 시작했다. 하지만 COVID-19는 쉽게 끝나지 않을 것이며, 오리엔탈리즘 또한 멈추지 않을 것이다. 그럼에도 불구하고 혐오의 역사에 대한 반성이 지속적으로 이루어질 것임을 나는 믿는다. 팬데믹의 끝에 혐오에 대한 반성이 놓이기를 바란다.

# 참고문헌

강상중, 이경덕 옮김 『오리엔탈리즘을 넘어서』, 이산, 1998.

강성우, 「서양인이 "위생"의 관점에서 본 조선의 모습」, 『한일관계사연구』 60호, 한일관계사학회, 2018.

고부응 외, 『탈식민주의』, 문학과지성사, 2003.

김남혁, 「따스한 마음이 담겨 있는 책」, 『감성연구』 19호, 전남대학교 호남학연구원, 2019.

김명자, 『팬데믹과 문명』, 김명자, 까치, 2020.

김소연 · 이동언, 「"오리엔탈리즘"의 재해석으로 본 일제강점기 한국건축의 식민지 근대성」, 『대한건축학회논문집-계획계』 21권 4호, 대한건축학회, 2005.

김응종, 「오리엔탈리즘과 인종주의」, 『담론201』 6권 2호, 한국사회역사학회, 2004.

김중현, 「사이드의 오리엔탈리즘과 발자크」, 『프랑스학연구』 91권 1호, 한국프랑스학회, 2020.

김희중, 「에드워드 사이드 연구」, 원광대 박사학위 논문, 2005.

루시 존스, 권예리 옮김, 『재난의 세계사』, 눌와, 2020.

문혜수, 「사이드의 『오리엔탈리즘』과 하기와라 사쿠타로의 서구문화의식 고찰」, 한양대 박사학위 논문, 2018.

박노자, 『하얀 가면의 제국』, 한겨레신문사, 2003.

박수영, 「식민시기 재현 문화텍스트의 포스트식민성 대비 연구」, 중앙대 박사학위 논문, 2016.

발레리 케네디, 김상률 옮김, 『오리엔탈리즘과 에드워드 사이드』, 갈무리, 2011.

서성종, 『COVID-19 팬데믹에서 만난 인문학』, 해윤, 2020.

성일광, 「오리엔탈리즘을 위한 변명: 이슬람주의운동 어떻게 볼 것인가?」, 『진보평론』 2004년 봄 제19호, 뉴 래디컬 리뷰, 2004.

송호근 외, 『코로나 ing』, 나남, 2020.

슬라보예 지젝, 강우성 옮김, 『팬데믹 패닉』, 북하우스 퍼블리셔스, 2020.

안치용, 『코로나 인문학』, 김영사, 2021.

알렉스 캘리니코스 외, 장호종 엮음, 『COVID-19, 자본주의의 모순이 낳은 재난』, 책갈피, 2020.

양재혁, 「에드워드 사이드(Edward W. Said)의 오리엔탈리즘 분석과 재현(representation)」, 『사림』 69호, 수선사학회, 2019.

양천수 엮음, 『코로나 시대의 법과 철학』, 박영사, 2021.

에드워드 사이드, 김성곤 · 정정호 옮김, 『문화와 제국주의』, 창, 1995.

_____, 성일권 옮김, 『도전받는 오리엔탈리즘』, 김영사, 2001.

_____, 정신우 · 서봉섭 옮김, 『권력과 지성인』, 창, 2011.

_____, 김정하 옮김, 『저항의 인문학: 인문주의와 민주적 비판』, 마티, 2012.

_____, 박홍규 옮김, 『오리엔탈리즘』, 교보문고, 2020(개정증보판).

오길영 · 김상률, 『에드워드 사이드 다시 읽기』, 책세상, 2006.

이야나가 노부미, 김승철 옮김, 『환상의 동양』, 동연, 2019.

이언 바루마 · 아비샤이 마갤릿, 송충기 옮김, 『옥시덴탈리즘』, 민음사, 2007.

이옥순, 『우리 안의 오리엔탈리즘』, 푸른역사, 2002.

이은정 외, 『코로나 팬데믹과 한국의 길』, 창비, 2021.

이향순, 「미국 선교사들의 오리엔탈리즘과 제국주의적 확장」, 『선교와신학』 12권, 장로회신학대학교 세계선교연구회, 2003.

정과리 외, 『감염병과 인문학』, 강, 2014.

정진농, 『오리엔탈리즘의 역사』, 살림, 2003.

조동범, 『100년의 서울을 걷는 인문학』, 도마뱀, 2022.

존 맥켄지, 박홍규 옮김, 『오리엔탈리즘 예술의 역사』, 문화디자인, 2006.

주재홍, 『우리 안의 만들어진 동양』, 아카넷, 2009.

켄 하퍼, 박종인 옮김, 『마지막 에스키모 미닉의 일생』, 청어람미디어, 2002.

# 주

**1** 이야나가 노부미, 『환상의 동양』, 동연, 2019, 35쪽.

**2** 위의 책, 같은 쪽.

**3** 위의 책, 34쪽.

**4** 위의 책, 35쪽.

**5** 에드워드 사이드, 박홍규 옮김, 『오리엔탈리즘』, 교보문고, 2020(개정증보판), 139쪽.

**6** 정채연, 「COVID-19와 혐오: 팬데믹의 역사를 통한 반성적 성찰」, 『코로나 시대의 법과 철학』, 박영사, 2021, 114~115쪽 참조.

**7** 위의 책, 117쪽.

**8** A. White, Epidemic Orientalism: Social Construction and the Global Management of Infectious Disease, Boston University Graduate School of Arts and Sciences, 2018; 위의 책, 116쪽 재인용.

**9** 〈YTN〉, 2021. 3. 4.

**10** 〈세계일보〉, 2020. 6. 21.

**11** 〈뉴욕타임스〉 2022. 3. 20; 〈한국경제신문〉, 2022. 3. 21. 재인용.

**12** 위의 글.

**13** 위의 글.

**14** 이춘희 · 신상옥, 「현대복식에 반영된 오리엔탈리즘의 기호학적 분석」, 『한국복식학회지』 50권 4호, 한국복식학회, 2000, 133쪽.

**15** 김소연 · 이동언, 「"오리엔탈리즘"의 재해석으로 본 일제강점기 한국건축의 식민지 근대성」, 『대한건축학회논문집-계획계』 21권 4호, 대한건축학회, 2005, 106쪽.

**16** 고부응, 「마르크스의 식민주의 역사관과 사이드의 '동양론' 비판」, 『에드워드 사이드 다시 읽기』, 책세상, 2006, 189쪽.

**17** 위의 책, 같은 쪽.

**18** 에드워드 사이드, 앞의 책, 79쪽.

**19** 위의 책, 같은 쪽.

**20** 위의 책, 같은 쪽.

**21** 위의 책, 78쪽.

**22** 위의 책, 같은 쪽.

**23** 위의 책, 10쪽.

**24** 위의 책, 11쪽.

**25** 위의 책, 13~14쪽.

**26** 위의 책, 139쪽.

**27** 위의 책, 142쪽.

**28** 위의 책, 같은 쪽.

**29** 위의 책, 같은 쪽.

**30** 위의 책, 139~140쪽.

**31** 사이드가 언급한 크로머의 주장은 47쪽의 주석을 참고할 것.

**32** 에드워드 사이드, 앞의 책, 88쪽.

**33** https://vo.la/MUtJo7

**34** 위의 글.

**35** 에드워드 사이드, 앞의 책, 127쪽.

**36** 위의 책, 같은 쪽.

**37** 이언 바루마·아비샤이 마갤릿, 송충기 옮김, 『옥시덴탈리즘』, 민음사, 2007, 16쪽.

**38** 위의 책, 28쪽.

**39** 위의 책, 같은 쪽.

**40** 위의 책, 같은 쪽.

**41** 위의 책, 23쪽 요약 정리.

**42** 슬라보예 지젝, 강우성 옮김, 『팬데믹 패닉』, 북하우스, 2020, 122쪽 요약정리.

**43** 이언 바루마·아비샤이 마갤릿, 앞의 책, 13쪽.

**44** 박주식, 「제국의 지도 그리기」, 『탈식민주의』, 문학과지성사, 2003, 279쪽.

**45** 양재혁, 「에드워드 사이드(Edward W. Said)의 오리엔탈리즘 분석과 재현(representation)」, 『사림』 제69호, 수선사학회, 2019, 343쪽.

**46** 에드워드 사이드, 앞의 책, 18쪽.

**47** 양재혁, 앞의 논문, 같은 쪽.

**48** 위의 논문, 같은 쪽.

**49** 에드워드 사이드, 앞의 책, 205쪽.

**50** 이옥순, 『우리 안의 오리엔탈리즘』, 푸른역사, 2002, 16쪽.

**51** 위의 책, 같은 쪽.

**52** 위의 책, 같은 쪽.

**53** 박홍규, 『박홍규의 에드워드 사이드 읽기』, 우물이 있는 집, 2003, 68쪽.

**54** 위의 책, 같은 쪽.

**55** 〈아트인사이드〉, 2020년 7월 24일. https://vo.la/8CdU0T

**56** 위의 글.

**57** 〈한국민족문화대백과〉, https://vo.la/oS2mxH

**58** 조동범, 『100년의 서울을 걷는 인문학』, 도마뱀, 2022, 202쪽.

**59** 〈한겨레신문〉, 2020. 5. 6.

**60** 이춘희 · 신상옥, 「현대복식에 반영된 오리엔탈리즘의 기호학적 분석」, 『한국복식학회지』 50권 4호, 한국복식학회, 2000, 140쪽.

**61** 위의 논문, 139쪽.

**62** 위의 논문, 134쪽 요약정리.

**63** 위의 논문, 139쪽.

**64** 위의 논문, 같은 쪽.

**65** 위의 논문, 같은 쪽.

**66** 위의 논문, 105쪽.

**67** 위의 논문, 같은 쪽.

**68** 슬라보예 지젝, 강우성 옮김, 『팬데믹 패닉』, 북하우스 퍼블리셔스, 2020, 75쪽.

**69** 위의 책, 같은 쪽.

**70** 위의 책, 같은 쪽.

**71** 위의 책, 76쪽.

**72** 안치용, 『코로나 인문학』, 김영사, 2021, 177쪽.

**73** 이옥순, 앞의 책, 21쪽.

**74** 안치용, 앞의 책, 75쪽.

**75** 장태한, 「COVID-19 팬데믹과 우생학」, 〈한겨레신문〉 2020. 5. 31.

**76** 위의 글.

**77** 조동범, 앞의 책, 121쪽.

**78** 위의 책, 같은 쪽.

**79** 허경미, 「한국의 제노포비아 발현 및 대책에 관한 연구」, 『경찰학논총』 제9권 제1호, 236쪽.

**80** 〈뉴스타운〉 2020. 2. 10.

**81** 위의 글.

**82** 위의 글.

**83** 이옥순, 앞의 책, 26쪽.

**84** 위의 책, 같은 쪽.

**85** 위의 책, 같은 쪽.

**86** 위의 책, 같은 쪽.

**87** 위의 책, 29쪽.

**88** 조동범, 앞의 책, 209쪽.

# 찾아보기

# 팬데믹과 오리엔탈리즘

**펴낸날** 2022년 11월 22일
**펴낸이** 유윤희
**글쓴이** 조동범
**교정 교열** 신현신, 유윤희
**표지와 본문 디자인** 행복한물고기Happyfish
**제작** 제이오
**펴낸곳** 오늘산책

**출판등록** 2017년 7월 6일(제 2017-000141호)
**주소** 서울 마포구 월드컵북로 4길 44-11, 304호
**전화** 02.588.5369
**팩스** 02.6442.5392
**이메일** oneul71@naver.com
**ISBN** 979-11-965830-6-4 03100